5 INGREDIENTES
PLATOS FÁCILES Y RÁPIDOS

Fotografías de los platos DAVID LOFTUS

Otras fotografías PAUL STUART & JAMIE OLIVER

Diseño JAMES VERITY de SUPERFANTASTIC

Grijalbo

DEDICADO
A MIS CINCO
INGREDIENTES
FAVORITOS

POPPY HONEY ROSIE 2002

DAISY BOO PAMELA 2003

PETAL BLOSSOM RAINBOW 2009

BUDDY BEAR MAURICE 2010

RIVER ROCKET BLUE DALLAS 2016

CONTENIDO

5
INGREDIENTES

Platos fáciles y rápidos se concentra, sin ningún tipo de remordimiento, en combinaciones geniales de solo cinco ingredientes que aúnan fuerzas para conseguir un resultado absolutamente delicioso; dicho de otro modo, no se puede ofrecer más sabor con menos elementos. Estos platos pueden llegar a la mesa en 30 minutos como máximo, y algunos son tan rápidos que solo precisan 10 tristes minutos de elaboración, pues el resto del trabajo lo harán el horno o los fogones.

Mi deseo es que disfrutéis cocinando todas las fases de un plato. Ayudados por este libro, ya no tendréis excusa. He simplificado al máximo las recetas para conseguir unos platos increíbles que realcen cada uno de sus cinco ingredientes, ideas para cualquier día de la semana y para cualquier ocasión, desde una fantástica cena rápida en un día laborable hasta una gran fiesta de fin de semana con los amigos.

El concepto es sencillo, pero detrás del resultado está la estructura, la planificación inteligente y el espíritu del libro —así como una implacable degustación de las recetas—, y esa ha sido la clave del éxito. Crear estas recetas ha despertado en mí un auténtico deseo de sorprender a los lectores con unas excelentes combinaciones que están diciendo: «cómeme». Se trata de volver a lo básico y revalorizarlo. Las recetas son cortas, y en cada una de ellas he incluido, en una página, las imágenes de los ingredientes, para que te vayas ambientando, y en la otra página, los platos ya terminados, para que veas lo apetecibles y deliciosos que son.

Si miras el índice, verás que he tratado de incluirlo todo: comer proteínas con una variación fabulosa; sacar partido de excelentes verduras; conseguir que las ensaladas no sean aburridas; crear sabrosos platos de pescado sin estrés; ensalzar la humilde pasta; y poner en acción todo lo que dan de sí el arroz y los fideos. Además, un capítulo extra de delicias dulces, pasteles fáciles y galletas sencillas que puedes disfrutar con una buena taza de té. Supongo que tienes una buena despensa a la que recurrir, pero a menudo, las listas de ingredientes suelen ser demasiado largas, así que en este libro, las he dejado en... lo has adivinado: solo cinco ingredientes clave (véase la página 10 para más información).

INSPIRACIÓN INSTANTÁNEA Y MONTONES DE IDEAS

COMBINACIONES
EXTRAORDINARIAS

Exceptuando el capítulo de dulces, el 70 % de las recetas son saludables. En cada página he incluido información nutricional, por si deseas utilizarla. No todos los platos constituyen una comida completa y equilibrada, algunos son simplemente un modo de cocinar un trozo de carne o de pescado que te asombrará, platos combinados que elevan las verduras a un nuevo nivel, ensaladas atractivas y excelentes que te ayudan a aumentar la ingesta de verduras y frutas, así como elementos que puedes mezclar, combinar y reforzar como te apetezca. Lo importante es conseguir el equilibrio a lo largo de la semana (refresca la memoria en las páginas 304 y 305).

En la actualidad, los platos y preparaciones se comparten mediante distintos medios, como Pinterest, BuzzFeed y YouTube o incluso el boca a boca, entre otros muchos. Todos ellos te proporcionan grandes trucos e información en píldoras fácil de digerir, así como atractivas imágenes. Mi intención con este libro ha sido reunir todo eso y darle sentido en un solo lugar, compartiendo recetas tentadoras y equilibradas que, por ser como son, se basan en consejos, trucos y técnicas inteligentes. He ido al grano y he simplificado al máximo para que puedas recorrer estas páginas y obtener inspiración instantánea y montones de ideas. Espero que lo disfrutes y que tengas ganas de compartir este libro con amigos, familiares, compañeros de estudios... quien tú quieras.

ASÍ QUE, AMIGOS Y AMIGAS, SED FELICES COCINANDO Y, POR FAVOR, COMPARTID VUESTROS PLATOS TERMINADOS EN INSTAGRAM #QUICKANDEASYFOOD

LA DESPENSA DE 5 INGREDIENTES

He limitado a solo cinco los ingredientes que considero básicos en el día a día. Sin ellos a mano, cocinar es simplemente imposible, y creo que todos los hogares deberían tenerlos en *stock*. Aunque mi despensa está llena de todo tipo de cosas, verás que estos cinco elementos van apareciendo regularmente a lo largo del libro. Aun así, no están incluidos en la lista de cada receta concreta porque doy por sentado que vas a abastecerte de ellos antes de empezar a cocinar. Estos cinco héroes son **aceite de oliva** para cocinar, **aceite de oliva virgen extra** para aderezar y terminar los platos, **vinagre de vino tinto** como excelente comodín cuando se desee aportar acidez y equilibrio a adobos, salsas y aderezos y, por supuesto, **sal marina y pimienta negra** para condimentar. ¡Tenlos a mano y triunfarás!

CALIDAD, NO CANTIDAD

Como siempre sucede en la cocina, y especialmente en este libro, el éxito de las recetas se reduce a comprar los ingredientes de la mejor calidad que puedas encontrar. Para estas recetas no necesitarás grandes cantidades de ingredientes, y espero que esto te anime a comprar lo mejor que puedas permitirte, las mejores carnes, pescados o verduras que puedas encontrar. Recuerda que los productos de temporada siempre son más nutritivos, deliciosos y asequibles.

Algunos ingredientes tienen un sabor mucho más rico si se eligen de la mejor calidad, como salchichas, chorizo, morcilla, salmón ahumado, atún en conserva, judías y garbanzos en bote, tomates de pera en lata, helados y chocolate negro.

TU AMIGO EL CONGELADOR

He concebido muchas de las recetas para dos personas, pero es fácil hacer más o menos raciones según necesites. Claro está, algunas son más adecuadas para grandes cantidades, sobre todo las de cocción lenta, pero siempre puedes congelar lo que no consumas para otro día. Recuerda dividir en porciones y dejar enfriar antes de congelar, así podrás introducirlo en el congelador a las dos horas de cocinarlo. Asegúrate de que todo esté bien envuelto, en especial la carne y el pescado, y etiquetado, para futura referencia. Descongélalo en la nevera y, como norma general, si has congelado alimentos cocinados, no vuelvas a congelarlos después de haberlos recalentado.

HOMENAJE A LOS CONDIMENTOS

En este libro utilizo muchos condimentos, como chutney de mango, pastas de curri, salsas de frijoles negros y teriyaki, miso y pesto, que se encuentran en todos los supermercados. Aportan sabor y ahorran tiempo en la preparación, ocupan menos espacio en el armario y evitan el desperdicio de alimentos. Son extraordinarios para preparar comidas rápidas y fáciles. Cuando los compres, recuerda que, generalmente, a mayor precio, mayor calidad.

CULTIVAR HIERBAS FRESCAS

Las hierbas son un regalo para cualquier cocinero, en este libro las uso a montones. En lugar de comprarlas, ¿por qué no las cultivas tú mismo en el jardín o en una maceta en el alféizar de una ventana? Las hierbas son el fundamento de toda la cocina, pues permiten aromatizar un plato sin necesidad de sazonarlo en exceso. Desde el punto de vista nutricional, están repletas de buenas cualidades, y eso nos gusta.

CARNE Y HUEVOS SALUDABLES

Lo he dicho muchas veces y sigo diciéndolo: comer carne solo tiene sentido si el animal ha sido bien criado, ha podido moverse libremente, ha vivido en un entorno sin estrés y su salud ha sido óptima. En términos generales, no hace falta ser un héroe del veganismo, pero sí debemos esforzarnos por comer más hortalizas y legumbres, y disfrutar de la carne, siempre de la mejor calidad, menos a menudo. Tenlo en cuenta y elige carne ecológica, de granja o de alto bienestar siempre que puedas, y asegúrate de que la ternera o el cordero hayan sido alimentados con pasto. Lo mismo vale para los huevos y cualquier alimento que contenga huevo, como la pasta fresca: elige siempre productos de granja o ecológicos. Y el caldo, también ecológico.

COMPRAR EL PESCADO

Es muy importante comprar el pescado en su máximo punto de frescura. Es obvio, pero en el momento en que compras el pescado y lo sacas del lugar en que se almacenaba, la calidad empieza a disminuir; así que utilízalo el mismo día y si no puedes, congélalo, o incluso compra pescado congelado, en lata o en bote de calidad. Siempre que puedas, elige pescados procedentes de una fuente responsable: busca la ecoetiqueta MSC, o pide consejo a tu pescadero. Ve variando las opciones y elige pescados de temporada y sostenibles.

ELEGIR LOS LÁCTEOS

Mi defensa de que los productos lácteos básicos, como la leche, el yogur y la mantequilla, deben ser ecológicos no podría ser más acérrima. Son algo más caros, pero hablamos de céntimos, no de euros, como sería el caso de la carne. Además, cada vez que compras ecológico estás votando a favor de un sistema alimentario mejor.

HABLEMOS DEL EQUIPO

El equipo utilizado en este libro es bastante simple. Con un juego de cacerolas y sartenes antiadherentes, una plancha y una cazuela poco profunda, tablas de cortar, fuentes de asar resistentes y un conjunto de cuchillos (y un par de placas de hornear para los dulces) podrás con todo. Además, hay aparatos y utensilios de cocina que te facilitarán la vida. Los peladores, los ralladores con depósito y los morteros son fantásticos para crear texturas y resaltar sabores. Un robot de cocina siempre es un plus, ¡especialmente si vas escaso de tiempo! Mantén el equipo y la cocina en perfecto estado, y estarás listo para empezar.

ENSALADAS

CUENCOS DE LECHUGA CON POLLO Y SALSA HOISIN

PARA 2 PERSONAS | 17 MINUTOS EN TOTAL

1 mango maduro

2 cucharadas de salsa hoisin

2 pechugas de pollo sin piel de 120 g cada una

1 lechuga romana (300 g)

1 barqueta de germinados de berros

Poner una plancha a fuego fuerte. Cortar el mango por la mitad, y cada trozo en tres partes a lo largo, pelarlo y desechar la piel. Cortar toda la pulpa en dados de 1 cm. Estrujar el hueso en un bol para extraer todo el jugo y la pulpa que puedan quedar, mezclarlos con la salsa hoisin para hacer el aliño y repartirlo entre dos cuencos pequeños.

Aplanar las pechugas de pollo golpeándolas con los puños hasta que el lado más grueso tenga el mismo grosor que el extremo delgado. Untarlas con 1 cucharada de aceite de oliva, una pizca de sal marina y de pimienta negra y asarlas en la plancha de 2 a 3 minutos por cada lado, o hasta que estén hechas y queden las marcas de la plancha. Mientras tanto, limpiar la lechuga, separar las hojas y repartirlas entre dos platos. Cortar los berros y colocarlos al lado.

Repartir el mango entre los platos y poner al lado los cuencos de salsa hoisin. Cortar el pollo en trozos y disponerlo en los platos. Comerlo utilizando las hojas de lechuga como cuenco para coger todos los ingredientes.

CALORÍAS	GRASAS	GRASAS SATURADAS	PROTEÍNAS	CARBOHIDRATOS	AZÚCAR	SAL	FIBRA
289 kcal	9,6 g	1,8 g	31,3 g	20,3 g	19,2 g	1,3 g	2,5 g

ENSALADA DE ZANAHORIAS Y SEMILLAS

PARA 2 PERSONAS | 18 MINUTOS EN TOTAL

350 g de zanahorias mini de distintos colores

1 granada

1 manojo grande de menta fresca (60 g)

250 g de semillas variadas

40 g de queso feta

Lavar las zanahorias, cortar por la mitad las más grandes y ponerlas en una sartén grande antiadherente fría con 1 cucharada de aceite de oliva y una pizca de sal marina y de pimienta negra. Saltearlas a fuego medio-fuerte durante 15 minutos, o hasta que estén tiernas y doradas, removiendo a menudo. Mientras, partir la granada, exprimir el zumo de una mitad en un bol grande pasándolo por un colador, añadir 1 cucharada de vinagre de vino tinto y 2 cucharaditas de aceite de oliva virgen extra. Picar finamente las hojas de menta y reservar las más bonitas, ponerlas en el bol, remover, probar y sazonar al gusto.

Poner las zanahorias en el bol. Saltear las semillas en la sartén durante 1 minuto con un chorrito de agua para templarlas. Verterlas en el bol y mezclarlas con las zanahorias, repartir la ensalada entre los platos.

Sosteniendo con la mano la otra mitad de la granada boca abajo, golpearla con una cuchara para que todas las semillas caigan sobre la ensalada. Desmenuzar o rallar el queso feta, esparcir las hojas de menta reservadas y ¡a comer!

CALORÍAS	GRASAS	GRASAS SATURADAS	PROTEÍNAS	CARBOHIDRATOS	AZÚCAR	SAL	FIBRA
477 kcal	23,7 g	5,7 g	15,5 g	49,1 g	1,7 g	1,2 g	11,3 g

ENSALADA DE SALMÓN TIPO NIÇOISE

PARA 2 PERSONAS · 18 MINUTOS EN TOTAL

2 filetes de salmón de 120 g cada uno, con piel, sin escamas ni espinas

300 g de judías verdes

2 huevos grandes

8 aceitunas negras con hueso

2 cucharadas colmadas de yogur griego

Poner el salmón con la piel hacia abajo en un colador colocado sobre una olla de agua hirviendo salada, tapar y cocerlo al vapor 8 minutos. Limpiar las judías verdes, sacarles solo el rabito por donde están unidas al tallo y hervirlas en la misma olla donde se cuece el salmón durante 6 minutos, hasta que estén al dente. Cocer los huevos también en la misma olla, durante 5½ minutos. Mientras, escurrir y deshuesar las aceitunas y picarlas pequeñas. Mezclar la mitad de las aceitunas con el yogur y un chorrito de vinagre de vino tinto, probar y sazonar al gusto con sal marina y pimienta negra.

Colocar el salmón encima de una tabla, escurrir los huevos y las judías con un colador. Mezclar las judías con el aliño y repartirlas entre los platos. Pasar los huevos por agua fría hasta que estén lo suficientemente fríos para manipularlos, pelarlos y cortarlos en cuartos. Desmenuzar el salmón en láminas, desechando la piel, disponerlo sobre las judías con los huevos y esparcir por encima el resto de las aceitunas picadas. Acabar con 1 cucharadita de aceite de oliva virgen extra y una buena pizca de pimienta.

CALORÍAS	GRASAS	GRASAS SATURADAS	PROTEÍNAS	CARBOHIDRATOS	AZÚCAR	SAL	FIBRA
398 kcal	24,7 g	6 g	38,3 g	6,5 g	5,2 g	0,7 g	3,3 g

ENSALADA DE CALABAZA CON HARISSA

PARA 4 PERSONAS | PREPARACIÓN RÁPIDA 10 MINUTOS | COCCIÓN 50 MINUTOS

1 calabaza moscada (1,2 kg)

1 cucharada colmada de harissa

2 aguacates maduros

100 g de hojas de lechugas variadas

125 g de mozzarella

Precalentar el horno a 180 °C. Cortar la calabaza en trozos de aproximadamente 5 cm (con las semillas), ponerlos en una fuente de horno y untarlos con la harissa, 1 cucharada de aceite de oliva y una pizca de sal marina y pimienta negra. Asarla 50 minutos, o hasta que esté blanda, dorada y algo caramelizada.

Unos minutos antes de llevar la ensalada a la mesa, verter 1 cucharada de aceite de oliva virgen extra y otra de vinagre de vino tinto y un poco de sal y pimienta en un bol grande. Partir los aguacates por la mitad, retirar el hueso y cortarlos en láminas. Ponerlos en el bol con la mezcla de lechugas. Con un tenedor, partir y trocear la calabaza todavía caliente (con la piel y las semillas) y repartirla entre los platos. Disponer la ensalada por encima, añadir la mozzarella troceada y servir.

CALORÍAS	GRASAS	GRASAS SATURADAS	PROTEÍNAS	CARBOHIDRATOS	AZÚCAR	SAL	FIBRA
361 kcal	24,2 g	7,4 g	11,1 g	26,3 g	14,2 g	1,3 g	5,6 g

ENSALADA DE HABAS

PARA 2 PERSONAS | SOLO 15 MINUTOS EN TOTAL

200 g de habas frescas desgranadas o congeladas

30 g de almendras enteras

480 g de pimientos rojos asados en salmuera

½ manojo de perejil fresco (15 g)

30 g de queso manchego

Cocer las habas en una cacerola con agua salada hirviendo durante 3 minutos, escurrirlas y retirar la piel de las habas más grandes. Tostar las almendras en una sartén, sin aceite, a fuego medio hasta que se doren ligeramente, removiendo a menudo. Retirarlas y cortarlas finamente.

Escurrir los pimientos y abrirlos planos, asarlos en una plancha caliente hasta que queden marcados por uno de los lados. Retirarlos y cortarlos en tiras de 1 cm. Picar los tallos del perejil bien pequeños y mezclarlos con las hojas, las habas, los pimientos, 1 ½ cucharadas de aceite de oliva virgen extra, 1 cucharada de vinagre de vino tinto y otra de la salmuera de los pimientos en conserva. Probar, sazonar al gusto con sal marina y pimienta negra y repartir entre los platos.

Cortar el queso en lonchas muy finas con un pelador de verduras, disponerlo por encima de las habas, aliñar con 1 cucharadita de aceite de oliva virgen extra, esparcir las almendras por encima y servir.

CALORÍAS	GRASAS	GRASAS SATURADAS	PROTEÍNAS	CARBOHIDRATOS	AZÚCAR	SAL	FIBRA
360 kcal	26,7 g	5,8 g	14,3 g	15,2 g	8 g	0,4 g	8,2 g

PLATO DE SALMÓN AHUMADO

PARA 2 PERSONAS | SOLO 15 MINUTOS EN TOTAL

1 pepino pequeño

6 ramitas de eneldo fresco

100 g de salmón ahumado

1 aguacate maduro

2 cucharadas de requesón

Con un pelador de verduras, cortar el pepino a lo largo en cintas finas. En un bol, mezclarlo con una pizca de sal marina y 2 cucharadas de vinagre de vino tinto y estrujarlo para obtener un encurtido rápido. Mezclarlo con casi todo el eneldo.

Disponer el salmón repartiéndolo entre dos platos. Cortar el aguacate, retirar el hueso y pelarlo. Colocar delicadamente las cintas de pepino en un montoncito a un lado del plato y rellenar el hueco del aguacate con el vinagre de encurtir el pepino. Repartir el requesón por encima, aliñar con 1 cucharadita de aceite de oliva virgen extra, una pizca de pimienta negra, el eneldo reservado y ¡al ataque!

CALORÍAS	GRASAS	GRASAS SATURADAS	PROTEÍNAS	CARBOHIDRATOS	AZÚCAR	SAL	FIBRA
246 kcal	17,7 g	3,9 g	17,1 g	4,4 g	3,2 g	1,5 g	1,2 g

ENSALADA DE PATO CON NARANJA

PARA 2 PERSONAS | 24 MINUTOS EN TOTAL

2 pechugas de pato de 150 g cada una, con piel

1 baguette

15 g de nueces peladas sin sal

3 naranjas normales o sanguinas

30 g de berros

Hacer unos cortes en la piel de las pechugas, frotarlas con sal marina y pimienta negra y ponerlas con la piel hacia abajo en una sartén grande antiadherente a fuego medio-fuerte. Marcarlas durante 6 minutos, o hasta que la piel esté bien dorada, darles la vuelta y cocerlas otros 5 minutos o más, según el punto de cocción deseado. Dejarlas reposar sobre una tabla, sin sacar la sartén del fuego.

Cortar 10 rebanadas finas de baguette (guardar el resto del pan para otro día). Ponerlas en la sartén caliente junto con las nueces, para que se tuesten y se doren con la grasa del pato. Retirar las rebanadas y disponerlas en los platos. Mientras, cortar los extremos de las naranjas, pelarlas y cortarlas en rodajas retirando las semillas.

Cortar las pechugas de pato en lonchas finas, disponerlas encima de las tostadas, colocando las lonchas sobrantes entre las tostadas. Añadir las naranjas encima y alrededor del plato. Aliñar los berros con los jugos del pato que han quedado en la tabla y esparcirlos por encima. Rallar o desmenuzar las nueces bien pequeñas, repartirlas, regar el plato con un poco más de aliño y servir.

CALORÍAS	GRASAS	GRASAS SATURADAS	PROTEÍNAS	CARBOHIDRATOS	AZÚCAR	SAL	FIBRA
600 kcal	20,5 g	4,5 g	49 g	54,8 g	26,9 g	1,5 g	6,1 g

ENSALADA DE ALUBIAS CON ATÚN

PARA 2 PERSONAS   SOLO 15 MINUTOS EN TOTAL

½ cebolla roja

1 corazón de apio

½ manojo de perejil fresco (15 g)

330 g de alubias blancas en conserva

220 g de atún en aceite de oliva

Pelar la cebolla roja y cortarla lo más fina posible. En un bol grande, estrujarla un poco con ½ cucharada de vinagre de vino tinto y una pizca de sal marina. Limpiar el apio y cortarlo en trozos pequeños; ponerlo junto con la cebolla. Picar finamente los tallos de perejil y añadirlos al bol junto con las hojas.

Escurrir las alubias y ponerlas en una sartén antiadherente caliente, a fuego medio-fuerte, con 1 cucharadita de aceite de oliva. Dejarlas hasta que estén doradas y crujientes por debajo, darles la vuelta y dorarlas por el otro lado.

Aliñar la ensalada de cebolla con 1 cucharada de aceite de oliva virgen extra y otra de vinagre de vino tinto, escurrir el atún, desmenuzarlo y mezclarlo con la ensalada. Repartir las alubias entre los platos, disponer la ensalada encima, espolvorearla con una buena pizca de pimienta negra, y ¡a comer!

CALORÍAS	GRASAS	GRASAS SATURADAS	PROTEÍNAS	CARBOHIDRATOS	AZÚCAR	SAL	FIBRA
362 kcal	15,7 g	2,2 g	36,3 g	19,3 g	4,3 g	1,5 g	6,1 g

TERNERA, REMOLACHA Y RÁBANO PICANTE

PARA 2 PERSONAS   SOLO 14 MINUTOS EN TOTAL

160 g de remolachas pequeñas de varios colores

3 cucharaditas colmadas de crema de rábano picante

3 cucharaditas colmadas de crème fraîche semidesnatada

50 g de berros

40 g de bresaola en lonchas finas

Limpiar bien las remolachas guardando las hojas que estén enteras y tiernas, cortarlas en bastoncitos con un cuchillo bien afilado o con el cortador de juliana de la mandolina (¡usa el protector!). Aliñarlas con ½ cucharada de aceite de oliva virgen extra y ½ cucharada de vinagre de vino tinto, la crema de rábano picante y la crème fraîche, y sazonar al gusto con sal marina y pimienta negra. Mezclar delicadamente con los berros y las hojas de remolacha reservadas.

Disponer la bresaola en los platos, añadir la ensalada de remolacha, aliñarlo todo con 1 cucharadita de aceite de oliva virgen extra y servir.

CALORÍAS	GRASAS	GRASAS SATURADAS	PROTEÍNAS	CARBOHIDRATOS	AZÚCAR	SAL	FIBRA
154 kcal	8,6 g	2,9 g	11,1 g	8,5 g	7,3 g	0,8 g	2,4 g

ARROZ SALVAJE CON ACELGAS Y GUINDAS

PARA 2 PERSONAS | 28 MINUTOS EN TOTAL

150 g de arroz salvaje

200 g de acelgas de distintos colores

60 g de guindas secas

20 g de nueces peladas sin sal

40 g de queso feta

Cocer el arroz en una olla con agua salada hirviendo siguiendo las instrucciones del paquete. Cortar las pencas de las acelgas, ponerlas en un colador con las hojas encima, taparlas y cocerlas al vapor encima del arroz durante 3 minutos. Retirarlas. Mientras, picar las guindas bien pequeñas, ponerlas en un bol y mezclarlas con 1 cucharada de vinagre de vino tinto, otra cucharada del agua de cocción del arroz y 1 cucharada de aceite de oliva virgen extra. Trocear las nueces, cortar las pencas de las acelgas bien pequeñas y las hojas en tiras.

Escurrir bien el arroz, añadirlo al bol del aliño de guindas junto con todas las acelgas. Desmenuzar el queso feta y agregarlo también. Mezclar bien, probar y rectificar la sazón con sal marina y pimienta negra. Emplatar y esparcir las nueces por encima.

CALORÍAS	GRASAS	GRASAS SATURADAS	PROTEÍNAS	CARBOHIDRATOS	AZÚCAR	SAL	FIBRA
548 kcal	17,9 g	4,6 g	16 g	84,3 g	24,7 g	1,1 g	3,4 g

CABALLA AHUMADA CRUJIENTE

PARA 2 PERSONAS | SOLO 10 MINUTOS EN TOTAL

2 filetes de caballa ahumada de 70 g cada uno

300 g de remolacha cocida

50 g de berros

2 cucharaditas de crema de rábano picante (o rábano fresco, si se prefiere)

2 cucharadas de yogur natural

Con un cuchillo afilado, hacer unos cortes en la piel de la caballa a intervalos de 1 cm, poner el pescado con la piel hacia abajo en una sartén antiadherente a fuego medio hasta que esté muy dorada y crujiente. Mientras, escurrir las remolachas, reservando el jugo. Cortarlas en rodajas finas; a mí me gusta hacerlo con un cuchillo ondulado. Colocarlas en los platos y poner un montoncito de berros encima.

Ligar la crema de rábano picante con el yogur, probar la mezcla y sazonarla al gusto con sal marina y pimienta negra. Disponer la caballa crujiente encima de la ensalada y poner unos puntos de salsa alrededor. Mezclar el jugo de las remolachas con 1 cucharada de aceite de oliva virgen extra, rociarlo por encima, y ¡a comer!

CALORÍAS	GRASAS	GRASAS SATURADAS	PROTEÍNAS	CARBOHIDRATOS	AZÚCAR	SAL	FIBRA
352 kcal	24,7 g	5,1 g	18 g	14,2 g	13,3 g	1,5 g	3,2 g

ENSALADA TEMPLADA DE LENTEJAS

PARA 4 PERSONAS | SOLO 13 MINUTOS EN TOTAL

50 g de anchoas en aceite

1 limón encurtido (20 g)

400 g de tallos tiernos de brócoli

1-2 guindillas frescas de dos colores

500 g de lentejas cocidas

Poner todas las anchoas con su aceite en una batidora con 1 cucharada del jugo del limón encurtido y un chorrito de agua. Triturar hasta que esté homogéneo, diluyéndolo con un poco más de agua si fuera necesario.

Limpiar el brócoli y escaldarlo en una olla grande con agua salada hirviendo durante 3 minutos, o hasta que esté tierno. Cortar el limón encurtido en cuatro, desechar las semillas y picar la piel finamente. Cortar las guindillas en rodajas finas. Escurrir el brócoli, ponerlo en una cacerola con el limón, casi toda la guindilla y 1 cucharada de aceite de oliva virgen extra. Añadir las lentejas y remover durante 2 minutos. Repartir la mezcla entre los platos, rociarla con el aderezo de anchoas y esparcir por encima la guindilla reservada. Acabar con ½ cucharada de aceite de oliva virgen extra.

CALORÍAS	GRASAS	GRASAS SATURADAS	PROTEÍNAS	CARBOHIDRATOS	AZÚCAR	SAL	FIBRA
200 kcal	7,6 g	1,5 g	13,6 g	19,6 g	3,6 g	1,3 g	10,8 g

ENSALADA DE ZANAHORIAS CON TAHINI

PARA 2-4 PERSONAS · 20 MINUTOS EN TOTAL

2 cucharadas colmadas de semillas variadas

½ diente de ajo

1 limón

300 g de zanahorias de distintos colores

2 manzanas crujientes

Tostar las semillas en una sartén antiadherente sin aceite a fuego medio hasta que estén doradas, removiendo a menudo. Retirarlas. Poner las tres cuartas partes de las semillas en un mortero y machacarlas con una pizca de sal marina hasta obtener una pasta fina. Pelar el ajo, añadirlo y machacarlo con la pasta. Exprimir el zumo de limón, añadirlo a la pasta junto con 1 cucharada de aceite de oliva virgen extra y un chorrito de vinagre de vino tinto, para elaborar un aderezo delicioso como si fuera tahini.

Lavar las zanahorias, cortarlas en bastoncitos delgados con un cuchillo bien afilado o con el cortador de juliana de la mandolina (¡usa el protector!). Retirar el corazón de las manzanas y cortarlas igual que las zanahorias. Mezclarlo todo con el aliño de tahini. Probar, sazonar al gusto con sal y pimienta negra, y esparcir por encima las semillas reservadas.

CALORÍAS	GRASAS	GRASAS SATURADAS	PROTEÍNAS	CARBOHIDRATOS	AZÚCAR	SAL	FIBRA
263 kcal	15,6 g	2,4 g	4,5 g	27,9 g	25,4 g	0,6 g	8 g

ENSALADA DE SANDÍA, RÁBANOS Y FETA

PARA 2 PERSONAS | 18 MINUTOS EN TOTAL

2 cucharadas de piñones

400 g de sandía

200 g de rábanos, mejor con las hojas

4 ramitas de menta fresca

50 g de queso feta

Tostar los piñones en una sartén antiadherente sin aceite a fuego medio durante 1 minuto, o hasta que se doren, removiendo a menudo. Retirarlos. Quitar la piel de la sandía y todas las semillas, cortar la pulpa en láminas lo más finas posible. Cortar los rábanos también en rodajas muy finas, reservando las hojas que estén enteras y tiernas. Aderezarlo todo con 1 cucharada de aceite de oliva virgen extra y 2 cucharadas de vinagre de vino tinto. Probar y sazonar al gusto con sal marina y pimienta negra.

Colocar la sandía y los rábanos en los platos o en una fuente para compartir, esparcir los piñones y las hojas de menta por encima. Desmenuzar el queso feta, añadirlo a la ensalada y acabar con una pizca de pimienta.

CALORÍAS	GRASAS	GRASAS SATURADAS	PROTEÍNAS	CARBOHIDRATOS	AZÚCAR	SAL	FIBRA
262 kcal	18,7 g	5 g	7,1 g	17 g	16,9 g	0,7 g	0 g

ENSALADA DE APIONABO Y JAMÓN

PARA 2 PERSONAS | SOLO 10 MINUTOS EN TOTAL

200 g de apionabo

2 cucharaditas de mostaza a la antigua

2 cucharadas colmadas de yogur griego

½ manojo de estragón fresco (15 g)

4 lonchas de jamón serrano

Pelar el apionabo, cortarlo en bastoncitos delgados con un cuchillo bien afilado, con el cortador de juliana de la mandolina (¡usa el protector!), o con un rallador grueso.

En un bol, mezclar el apionabo con la mostaza, el yogur, 1 cucharada de aceite de oliva virgen extra y otra de vinagre de vino tinto. Estrujarlo y masajearlo todo junto. Añadir las hojas de estragón, mezclar bien, probar y sazonar al gusto con sal marina y pimienta negra. Repartir la ensalada entre los platos, envolver las lonchas de jamón y disponerlo a su alrededor. Aliñar con 1 cucharadita de aceite de oliva virgen extra y espolvorear con una pizca de pimienta.

CALORÍAS	GRASAS	GRASAS SATURADAS	PROTEÍNAS	CARBOHIDRATOS	AZÚCAR	SAL	FIBRA
192 kcal	14,4 g	3,7 g	10,9 g	4,8 g	3,8 g	1,5 g	3,7 g

ENSALADA DE BONIATO

PARA 2 PERSONAS | PREPARACIÓN RÁPIDA 9 MINUTOS | COCCIÓN LENTA 1 HORA

2 boniatos grandes (300 g cada uno)

500 g de tomates maduros de distintos colores

4 cebolletas

50 g de rúcula

40 g de queso feta

Precalentar el horno a 180 °C. Limpiar los boniatos, ponerlos en una fuente de horno y asarlos durante 1 hora, o hasta que estén blandos.

A continuación, cortar los tomates, limpiar las cebolletas y cortarlas finas, mezclarlo todo con 1 cucharada de aceite de oliva virgen extra y un chorrito de vinagre de vino tinto. Probar y sazonar al gusto con sal marina y pimienta negra.

Desmenuzar los boniatos asados en los dos platos. Mezclar la rúcula con los tomates, disponer un montoncito encima de los boniatos. Desmenuzar el queso feta sobre la ensalada, rociar con 1 cucharadita de aceite de oliva virgen extra y espolvorear con una pizca de pimienta.

CALORÍAS	GRASAS	GRASAS SATURADAS	PROTEÍNAS	CARBOHIDRATOS	AZÚCAR	SAL	FIBRA
429 kcal	13,2 g	4,4 g	9,8 g	72,5 g	25,7 g	1,1 g	3,2 g

ENSALADA DE COL
KALE CON AVELLANAS

PARA 2 PERSONAS   SOLO 14 MINUTOS EN TOTAL

20 g de avellanas escaldadas

200 g de col kale de distintos colores

60 ml de suero de mantequilla (o leche con zumo de limón o vinagre)

30 g de parmesano

1 limón

Tostar las avellanas en una sartén antiadherente sin aceite a fuego medio hasta que estén ligeramente doradas, removiendo a menudo. Retirarlas, aplastarlas y laminarlas.

Cortar y desechar todos los tallos duros de la col kale, enrollar las hojas, cortarlas muy finas y ponerlas en un bol grande. Aliñarlas con 2 cucharadas de aceite de oliva virgen extra, añadir el suero de mantequilla y la mitad de las avellanas. Agregar la mitad del parmesano y la cáscara de limón, todo finamente rallado, e incorporar la mitad del zumo del limón. Estrujar y masajear la col kale para ablandarla. Probar y sazonar al gusto con sal marina y pimienta negra, añadiendo más zumo de limón, si se desea.

Emplatar, rallar por encima el resto del parmesano y esparcir las avellanas restantes, aliñar con 1 cucharadita de aceite de oliva virgen extra.

CALORÍAS	GRASAS	GRASAS SATURADAS	PROTEÍNAS	CARBOHIDRATOS	AZÚCAR	SAL	FIBRA
292 kcal	25,8 g	3,5 g	11,3 g	3,9 g	3,6 g	0,4 g	0,7 g

PASTA

ESPAGUETIS SUPERVERDES

PARA 2 PERSONAS   SOLO 13 MINUTOS EN TOTAL

150 g de espaguetis

4 dientes de ajo

200 g de col rizada

30 g de parmesano

30 g de ricotta

Cocer la pasta en una cacerola con agua salada hirviendo, siguiendo las instrucciones del paquete. Mientras, pelar el ajo. Cortar y desechar los tallos de la col, añadir las hojas junto con el ajo a la olla de la pasta, cocerlas durante 5 minutos. Verter 1 ½ cucharadas de aceite de oliva virgen extra en una batidora, añadir el parmesano rallado. Con unas pinzas, retirar las hojas de col y el ajo de la olla y añadirlos a la batidora. Triturarlo todo unos minutos hasta que esté homogéneo y cremoso. Probar y sazonar al gusto con sal marina y pimienta negra.

Escurrir la pasta, reservando una taza del agua de cocción. Ponerla de nuevo en la cacerola y mezclarla con la salsa verde; desleírla con un chorrito del agua de cocción reservada, si fuera necesario. Repartirla entre los platos. Disponer la ricotta por encima, aliñar con un poco de aceite de oliva virgen extra, y ¡al ataque!

CALORÍAS	GRASAS	GRASAS SATURADAS	PROTEÍNAS	CARBOHIDRATOS	AZÚCAR	SAL	FIBRA
456 kcal	17,3 g	5,5 g	18,4 g	60,5 g	3,7 g	0,9 g	2,6 g

CARBONARA FÁCIL CON SALCHICHAS

PARA 2 PERSONAS | SOLO 15 MINUTOS EN TOTAL

150 g de tallarines

3 salchichas crudas

½ manojo de perejil fresco (15 g)

1 huevo grande

30 g de parmesano

Cocer la pasta en una cacerola con agua salada hirviendo, siguiendo las instrucciones del paquete. Escurrir la pasta, reservando una taza del agua de cocción. Mientras, retirar la piel de las salchichas y, con las manos húmedas, moldear 18 albóndigas del mismo tamaño con la carne. Cuando estén hechas, pasarlas por pimienta negra y freírlas en una sartén antiadherente a fuego medio con ½ cucharada de aceite de oliva hasta que estén doradas, removiendo a menudo. Apagar el fuego.

Picar fino el perejil, tallos y hojas, batirlo con el huevo y un chorrito del agua de cocción de la pasta, mezclarlo con casi todo el parmesano rallado.

Poner la pasta escurrida en la sartén con las albóndigas, verter la mezcla de huevo y remover 1 minuto fuera del fuego (el huevo se cuajará con el calor residual). Desleír con un buen chorro del agua de cocción, sazonar al gusto con sal marina y pimienta, y rallar bien fino el resto del parmesano.

CALORÍAS	GRASAS	GRASAS SATURADAS	PROTEÍNAS	CARBOHIDRATOS	AZÚCAR	SAL	FIBRA
633 kcal	30,6 g	10,8 g	33,6 g	59,3 g	3,1 g	1,7 g	2,6 g

ESPAGUETIS CON HINOJO Y CANGREJO

PARA 2 PERSONAS | 18 MINUTOS EN TOTAL

1 hinojo

150 g de espaguetis

1 guindilla roja fresca

160 g de tomates cherry maduros de distintos colores

160 g de carne de cangrejo blanca y rosa mezclada

Poner una sartén grande antiadherente a fuego medio-suave. Limpiar el hinojo, reservar la parte superior con las hojas, partirlo por la mitad y cortarlo bien fino. Añadirlo a la sartén con 1 cucharada de aceite de oliva y cocerlo tapado durante 5 minutos. Mientras, cocer la pasta en una cacerola con agua salada hirviendo, siguiendo las instrucciones del paquete, y escurrirla, reservando una taza del agua de cocción.

Retirar las semillas de la guindilla y picarla finamente, añadirla al hinojo y rehogarla sin tapar hasta que se ablande, removiendo de vez en cuando. Cortar los tomates por la mitad y cocerlos en la sartén durante 2 minutos, incorporar la carne de cangrejo y, al cabo de 1 minuto, la pasta escurrida. Verter un chorrito del agua de cocción, si fuera necesario, sazonar al gusto con sal marina y pimienta negra, esparcir las hojitas de hinojo reservadas y aliñar con 1 cucharadita de aceite de oliva virgen extra. ¡Buen provecho!

CALORÍAS	GRASAS	GRASAS SATURADAS	PROTEÍNAS	CARBOHIDRATOS	AZÚCAR	SAL	FIBRA
464 kcal	13,2 g	2,6 g	26,1 g	63,9 g	8,6 g	1,1 g	3,5 g

PENNE ARRABBIATA CON BERENJENAS

PARA 4 PERSONAS | 28 MINUTOS EN TOTAL

12 guindillas frescas de distintos colores

2 berenjenas (500 g en total)

300 g de penne integrales

4 dientes de ajo

400 g de tomates de pera en conserva

Para preparar un aceite picante rápido, cortar las guindillas y retirar las semillas. Llenar un tarro resistente al calor con aceite de oliva. Verter el aceite en una sartén antiadherente a fuego medio-suave y añadir las guindillas para confitarlas. Mientras, calentar una cacerola con agua salada para la pasta. Cuando hierva, cortar las berenjenas por la mitad a lo largo y escaldarlas en el agua, tapadas, durante 5 minutos, retirarlas y dejar el agua hirviendo. Poner las guindillas confitadas en el tarro y añadir el aceite, dejando 2 cucharadas en la sartén (guardar el tarro de aceite con guindillas para dar un toque picante a otras comidas). Cortar las berenjenas en trozos de 3 cm, añadirlas a la sartén con una pizca de sal marina y pimienta negra, subir el fuego al máximo y remover a menudo.

Cocer la pasta siguiendo las instrucciones del paquete. Mientras tanto, pelar y picar el ajo, agregarlo a la sartén con las berenjenas y sofreírlo 2 minutos. Incorporar los tomates, rompiéndolos con una cuchara de madera, junto con medio bote de agua. Añadir las guindillas que se desee a la salsa, según lo picante que se quiera, y rehogar hasta que la pasta esté lista, probar y sazonar al gusto. Escurrir la pasta, reservando una taza del agua de cocción, mezclarla con la salsa, diluyéndola con un poco del agua reservada si fuera necesario. Servir.

CALORÍAS	GRASAS	GRASAS SATURADAS	PROTEÍNAS	CARBOHIDRATOS	AZÚCAR	SAL	FIBRA
346 kcal	9 g	1,4 g	12,8 g	57,3 g	9,5 g	0,3 g	7,1 g

PASTA CON SALMÓN AHUMADO

PARA 4 PERSONAS | SOLO 12 MINUTOS EN TOTAL

350 g de espárragos

300 g de taglierini o cabello de ángel

250 g de salmón ahumado en caliente, sin piel

1 limón

100 ml de crème fraîche semidesnatada

Con un pelador de verduras, cortar la parte superior de los espárragos, más tierna, en cintas. Cortar el resto en rodajas finas desechando el extremo más leñoso. Cocer la pasta en una cacerola con agua salada hirviendo, siguiendo las instrucciones del paquete. Escurrir la pasta, reservando una taza del agua de cocción. Mientras, trocear el salmón y ponerlo en una sartén grande antiadherente a fuego medio-fuerte. Añadir las rodajas de espárragos y remover de vez en cuando hasta que la pasta esté lista.

Rallar finamente la cáscara de limón e incorporarla a la sartén, exprimir la mitad del jugo y añadir la pasta escurrida, un buen chorro del agua de cocción reservada y la crème fraîche. Removerlo todo. Agregar las cintas de espárragos, remover de nuevo y sazonar al gusto con sal marina y pimienta negra. Servir con trozos de limón para exprimir por encima.

CALORÍAS	GRASAS	GRASAS SATURADAS	PROTEÍNAS	CARBOHIDRATOS	AZÚCAR	SAL	FIBRA
435 kcal	11,1 g	4 g	28,1 g	59,3 g	5,8 g	1,4 g	2,2 g

PASTA CON ATÚN A LA SICILIANA

PARA 4 PERSONAS | SOLO 14 MINUTOS EN TOTAL

300 g de conchas

4 cucharaditas colmadas de alcaparras pequeñas

500 g de tomates cherry maduros de distintos colores

1 cucharada de orégano seco, preferentemente con flores

220 g de atún en aceite de oliva

Cocer la pasta en una olla con agua salada hirviendo, siguiendo las instrucciones del paquete. Mientras, poner una sartén grande antiadherente a fuego medio-fuerte con 1 cucharada de aceite de oliva. Añadir las alcaparras, freírlas hasta que estén crujientes, retirarlas y reservarlas. En el mismo aceite, rehogar los tomates partidos por la mitad, espolvoreados con casi todo el orégano. Escurrir y desmenuzar el atún, añadirlo a la sartén junto con 2 cucharones del agua de cocción de la pasta y rehogarlo todo hasta que la pasta esté lista.

Escurrir la pasta, reservando una taza del agua de cocción, mezclarla con el contenido de la sartén, diluyendo la salsa con un chorrito del agua reservada, si fuera necesario. Probar, sazonar al gusto con sal marina y pimienta negra y servir. Esparcir por encima las alcaparras crujientes y el resto del orégano, rociar con 1 cucharadita de aceite de oliva virgen extra, y ¡al ataque!

CALORÍAS	GRASAS	GRASAS SATURADAS	PROTEÍNAS	CARBOHIDRATOS	AZÚCAR	SAL	FIBRA
411 kcal	9,6 g	1,3 g	24,3 g	60,7 g	6,2 g	1,1 g	3,4 g

LINGUINE CON CALABACINES Y LIMÓN

PARA 2 PERSONAS | SOLO 15 MINUTOS EN TOTAL

150 g de linguine

2 calabacines de dos colores

½ manojo de menta fresca (15 g)

30 g de parmesano

1 limón

Cocer la pasta en una cacerola con agua salada hirviendo, siguiendo las instrucciones del paquete. Escurrir la pasta, reservando una taza del agua de cocción. Mientras, partir los calabacines a lo largo, luego cortarlos en bastoncitos largos con un cuchillo bien afilado o con el cortador de juliana de la mandolina (¡usa el protector!). Poner una sartén grande antiadherente a fuego medio-fuerte con 1 cucharada de aceite de oliva, añadir los calabacines. Rehogarlos 4 minutos, removiendo a menudo, incorporar las hojas de menta muy finamente cortadas.

Mezclar la pasta escurrida con los calabacines y un chorrito del agua de cocción reservada. Rallar finamente casi todo el parmesano y un poco de cáscara de limón, exprimir encima su zumo, mezclar todo bien, probar y sazonar al gusto con sal marina y pimienta negra. Servir en los platos, rallar por encima el resto del parmesano y rociar con 1 cucharadita de aceite de oliva virgen extra antes de servir.

CALORÍAS	GRASAS	GRASAS SATURADAS	PROTEÍNAS	CARBOHIDRATOS	AZÚCAR	SAL	FIBRA
430 kcal	14,5 g	4,4 g	18,4 g	60 g	6,3 g	0,8 g	2,2 g

PASTA CON SETAS Y AJO

PARA 2 PERSONAS | 16 MINUTOS EN TOTAL

150 g de trofie o fusilli

2 dientes de ajo

250 g de setas variadas

25 g de parmesano

2 cucharadas colmadas de crème fraîche semidesnatada

Cocer la pasta en una cacerola con agua salada hirviendo, siguiendo las instrucciones del paquete. Escurrir la pasta, reservando una taza del agua de cocción. Mientras, pelar los ajos y laminarlos. Ponerlos en una sartén grande antiadherente a fuego medio-fuerte con ½ cucharada de aceite de oliva, rehogarlos 1 minuto y añadir las setas, troceando las más grandes. Sazonar con sal marina y pimienta negra, y rehogar las setas durante 8 minutos, o hasta que estén doradas, removiendo a menudo.

Mezclar la pasta escurrida con las setas y un chorrito del agua de cocción reservada. Rallar casi todo el parmesano, agregar la crème fraîche, probar, sazonar al gusto y emplatar, acabando con el resto del parmesano rallado.

CALORÍAS	GRASAS	GRASAS SATURADAS	PROTEÍNAS	CARBOHIDRATOS	AZÚCAR	SAL	FIBRA
402 kcal	13 g	5,7 g	16,8 g	58,1 g	3,7 g	0,8 g	3,6 g

PASTA PICANTE CON 'NDUJA Y ALMEJAS

PARA 2 PERSONAS | SOLO 15 MINUTOS EN TOTAL

150 g de linguine

500 g de almejas limpias

20 g de 'nduja (o sobrasada picante)

½ manojo de perejil fresco (15 g)

100 ml de vino rosado suave

Cocer la pasta en una cacerola con agua salada hirviendo, siguiendo las instrucciones del paquete, y escurrirla 1 minuto antes, reservando una taza del agua de cocción. Mientras, comprobar que todas las almejas estén bien cerradas, y desechar las que no se cierren al darles un golpecito. Trocear la 'nduja en una sartén grande antiadherente fría, añadir 1 cucharada de aceite de oliva, ponerla a fuego medio y dejar que la 'nduja se derrita. Mientras, picar finamente las hojas y los tallos del perejil. Agregar casi todo el perejil a la sartén junto con las almejas y el vino, taparla. Al cabo de 3 o 4 minutos empezarán a abrirse las almejas. Ir sacudiendo la sartén hasta que se abran todas, retirarla del fuego y desechar las que no se hayan abierto.

Poner la pasta escurrida en la sartén de las almejas con un chorrito del agua de cocción reservada, y rehogarla 1 minuto. Probar, rectificar la sazón con sal marina y pimienta negra, si fuera necesario. Emplatar, rociar con un poco de aceite de oliva virgen extra y espolvorear el resto del perejil. ¡A comer!

CALORÍAS	GRASAS	GRASAS SATURADAS	PROTEÍNAS	CARBOHIDRATOS	AZÚCAR	SAL	FIBRA
556 kcal	12,5 g	2,1 g	41,9 g	62,5 g	2,9 g	0,6 g	2,2 g

PASTA CON CERDO Y SETAS

PARA 4 PERSONAS | 27 MINUTOS EN TOTAL

30 g de setas *Boletus edulis* secas

300 g de carne picada de cerdo

1 cebolla

300 g de penne integrales

50 g de parmesano

En un bol pequeño, cubrir los *Boletus edulis* con 400 ml de agua hirviendo. Poner la carne picada en una cacerola grande poco profunda con 1 cucharada de aceite de oliva, desmenuzarla y sofreírla a fuego fuerte, removiendo a menudo. Mientras, pelar la cebolla y picarla finamente. Picar también las setas hidratadas escurridas y reservar el agua de remojo.

Agregar la cebolla y las setas a la cacerola y rehogarlo todo 10 minutos, o hasta que esté dorado. Verter 1 cucharada de vinagre de vino tinto y el agua del remojo de las setas, sin los restos de tierra. Cocer a fuego lento 10 minutos. Mientras tanto, cocer la pasta en una cacerola con agua salada hirviendo, siguiendo las instrucciones del paquete, y escurrirla 1 minuto antes, reservando una taza del agua de cocción.

Mezclar la pasta escurrida con el contenido de la cacerola y 250 ml del agua de cocción reservada. Rallar encima casi todo el parmesano, probar y sazonar al gusto con sal marina y pimienta negra. Remover a fuego suave durante 2 minutos para emulsionar la salsa. Emplatar la pasta, rallar por encima el resto del parmesano, rociarla con un poco de aceite de oliva virgen extra, y ¡buen provecho!

CALORÍAS	GRASAS	GRASAS SATURADAS	PROTEÍNAS	CARBOHIDRATOS	AZÚCAR	SAL	FIBRA
524 kcal	21,2 g	7,2 g	30,8 g	55,9 g	6,1 g	0,6 g	8,5 g

FARFALLE CON PERAS Y GORGONZOLA

PARA 2 PERSONAS | SOLO 15 MINUTOS EN TOTAL

150 de farfalle

75 g de gorgonzola

½ achicoria roja o 2 endivias rojas

2 peras muy maduras

30 g de nueces peladas sin sal

Cocer la pasta en una cacerola mediana con agua salada hirviendo, siguiendo las instrucciones del paquete. Derretir el queso en un bol resistente al calor puesto encima de la pasta mientras se cuece y retirarlo cuando esté cremoso. Escurrir la pasta, reservando una taza del agua de cocción.

Mientras, cortar la achicoria en tiras de 1 cm. Ponerla en una sartén grande antiadherente sin aceite a fuego fuerte para que se dore durante 5 minutos, dándole la vuelta a media cocción. Pelar las peras con un pelador de verduras, cortarlas en cuartos, retirar el corazón y cortarlas bien finas a lo largo. Añadirlas a la sartén, desmenuzar casi todas las nueces encima y verter un chorrito del agua de cocción de la pasta. Reducir el fuego, tapar la sartén y dejar caramelizar ligeramente el contenido a fuego medio.

Mezclar la pasta escurrida con el gorgonzola y añadirlo todo a la sartén, verter un chorrito de vinagre de vino tinto y un chorrito del agua de cocción reservada, si fuera necesario. Probar, sazonar al gusto con sal marina y pimienta negra, desmenuzar por encima el resto de las nueces y rociar con 1 cucharadita de aceite de oliva virgen extra.

CALORÍAS	GRASAS	GRASAS SATURADAS	PROTEÍNAS	CARBOHIDRATOS	AZÚCAR	SAL	FIBRA
575 kcal	24,5 g	8,5 g	20,1 g	73,2 g	19,4 g	1,3 g	6,8 g

PASTA CON PESTO ROJO Y LANGOSTINOS

PARA 2 PERSONAS | SOLO 12 MINUTOS EN TOTAL

300 g de langostinos grandes con piel

4 dientes de ajo

2 cucharaditas colmadas de pesto rojo

150 g de taglierini o cabello de ángel

150 ml de vino rosado suave

Poner 4 langostinos enteros en una sartén grande antiadherente con 1 cucharada de aceite de oliva, fuera del fuego. Retirar las cabezas del resto de los langostinos y añadirlas a la sartén para dar más sabor a la salsa. Pelar los langostinos. Pasar la punta del cuchillo a lo largo del dorso de las colas peladas para quitar el intestino, luego trocear las colas. Pelar y laminar el ajo. Poner la sartén a fuego medio-fuerte y, al cabo de 2 minutos, añadir el ajo y los trozos de langostinos, dejarlos cocer 1 minuto y agregar el pesto, removiendo a menudo.

Mientras, cocer la pasta en una olla con agua salada hirviendo, siguiendo las instrucciones del paquete. Verter el vino en la sartén y dejarlo reducir durante 1 minuto. Escurrir la pasta, reservando una taza del agua de cocción, mezclarla con los langostinos en la sartén, diluyendo la salsa con un poco del agua de cocción reservada, si fuera necesario. Remover la pasta en el fuego durante 1 minuto, probar, sazonar al gusto con sal marina y pimienta negra, y servir.

CALORÍAS	GRASAS	GRASAS SATURADAS	PROTEÍNAS	CARBOHIDRATOS	AZÚCAR	SAL	FIBRA
468 kcal	11,4 g	1,6 g	24,6 g	58,2 g	3,6 g	0,6 g	2,9 g

HUEVOS

TORTILLA DE HUEVOS REVUELTOS

PARA 2 PERSONAS | SOLO 10 MINUTOS EN TOTAL

350 g de tomates maduros de varios colores

½ manojo de albahaca fresca (15 g)

½-1 guindilla roja fresca

65 g de mozzarella

4 huevos grandes

Cortar los tomates en rodajas finas, disponerlos en una fuente para compartir, aliñarlos con un poco de aceite de oliva virgen extra, vinagre de vino tinto, sal marina y pimienta negra. Poner casi todas las hojas de albahaca en un mortero, machacarlas con una pizca de sal hasta obtener una pasta, desleírla con 1 cucharada de aceite de oliva virgen extra para elaborar un aceite de albahaca.

Cortar la guindilla en rodajas finas. Trocear la mozzarella bien pequeña. Poner una sartén antiadherente de 26 cm a fuego medio con ½ cucharada de aceite de oliva. Batir los huevos, verterlos en la sartén y removerlos suavemente con una espátula de goma. Cuando estén ligeramente cuajados, pero todavía líquidos, parar de remover, esparcir la mozzarella en el centro y rociar el aceite de albahaca por encima. Dejar cuajar la parte inferior de los huevos 1 minuto, luego —es el momento de la técnica— agarrar la sartén, inclinarla y, con la otra mano, ir golpeando la muñeca hasta que los huevos se desplacen a un lado. Con la espátula, darles la vuelta hacia el centro y doblar la mitad superior de nuevo por encima. Voltear la tortilla bocabajo en la fuente de los tomates.

Cortar la tortilla para que se vea el interior meloso. Esparcir la guindilla (¡tanta como te atrevas!) y el resto de la albahaca, y ¡al ataque!

CALORÍAS	GRASAS	GRASAS SATURADAS	PROTEÍNAS	CARBOHIDRATOS	AZÚCAR	SAL	FIBRA
356 kcal	28,9 g	9 g	20,9 g	4,4 g	4 g	1,2 g	1,3 g

PAN DE PITA CON HUEVOS Y CHUTNEY DE MANGO

PARA 2 PERSONAS | SOLO 12 MINUTOS EN TOTAL

4 huevos grandes

100 g de harina con levadura, y un poco más para espolvorear

6 cucharadas colmadas de yogur natural

2 cucharadas de chutney de mango

1 guindilla roja fresca

Sumergir los huevos en una cacerola con agua hirviendo y dejarlos exactamente 5½ minutos, refrescarlos con agua fría hasta que estén lo suficientemente fríos para pelarlos. Mientras, poner una sartén grande antiadherente a fuego medio-fuerte. En un bol, mezclar la harina con una pizca de sal marina, 4 cucharadas colmadas de yogur y 1 cucharada de aceite de oliva hasta obtener una masa. Dividirla por la mitad, estirar cada trozo sobre una superficie enharinada hasta que tenga un grosor de menos de ½ cm. Cocerlos 3 minutos, o hasta que se doren, dándoles la vuelta a media cocción.

Poner unas cucharaditas de chutney de mango y el yogur restante encima de los panes. Cortar por la mitad los huevos pasados por agua y disponerlos encima, rompiéndolos con un tenedor, si se desea. Picar la guindilla en láminas finas y esparcirla por encima (¡tanta como te atrevas!), rociar con un poco de aceite de oliva virgen extra y sazonar con sal y pimienta negra.

CALORÍAS	GRASAS	GRASAS SATURADAS	PROTEÍNAS	CARBOHIDRATOS	AZÚCAR	SAL	FIBRA
524 kcal	24,6 g	7,6 g	24,4 g	55,6 g	17,9 g	2 g	1,5 g

HUEVOS COREANOS CON ARROZ

PARA 2 PERSONAS | 22 MINUTOS EN TOTAL

I cucharada colmada de semillas de sésamo

150 g de arroz basmati

150 g de kimchi

4 ramitas de cilantro fresco

4 huevos grandes

Tostar las semillas de sésamo en una sartén antiadherente de 26 cm, sin aceite y a fuego medio. Cuando estén ligeramente doradas, ponerlas en un plato y reducir el fuego a medio-suave. Poner el arroz en la sartén con una pizca de sal marina, verter encima 400 ml de agua. Tapar y cocer el arroz durante I0 minutos, o hasta que haya absorbido todo el líquido.

Picar el kimchi finamente con la mitad de las hojas de cilantro, añadir los huevos, batir y verter la mezcla sobre el arroz, extendiéndola uniformemente con la espátula. Tapar y dejar cocer de 5 a 10 minutos, o hasta que los huevos cuajen.

Separar los bordes con una espátula y emplatar. A mí me gusta presentarlo con una mitad doblada sobre sí misma para que se vea la parte inferior. Esparcir las semillas de sésamo tostadas y las hojas de cilantro restantes por encima, y ¡a comer!

CALORÍAS	GRASAS	GRASAS SATURADAS	PROTEÍNAS	CARBOHIDRATOS	AZÚCAR	SAL	FIBRA
477 kcal	15,7 g	3,9 g	22,5 g	65,6 g	0,8 g	1,5 g	2,2 g

HUEVOS FRITOS ASIÁTICOS

PARA 2 PERSONAS | SOLO 10 MINUTOS EN TOTAL

2 cebolletas

1-2 guindillas frescas de dos colores

2 cucharadas colmadas de semillas de sésamo variadas

4 huevos grandes

2 cucharadas de salsa hoisin

Limpiar las cebolletas, cortarlas al bies en láminas muy finas y hacer lo mismo con las guindillas, ponerlo todo en un bol con agua helada, añadir un chorrito de vinagre de vino tinto y reservarlo.

Poner una sartén grande antiadherente a fuego medio-fuerte y tostar ligeramente las semillas de sésamo durante 1 minuto. Añadir 1 cucharada de aceite de oliva y cascar los huevos en la sartén. Tapar la sartén y freírlos al punto deseado.

Disponer los huevos en los platos. Yo suelo poner uno bocarriba y el otro bocabajo. Rociarlos con la salsa hoisin diluida con un chorrito de agua, si fuera necesario. Escurrir las cebolletas y las guindillas, repartirlas por el plato, pinchar las yemas y ¡que aproveche!

CALORÍAS	GRASAS	GRASAS SATURADAS	PROTEÍNAS	CARBOHIDRATOS	AZÚCAR	SAL	FIBRA
350 kcal	27,9 g	5,9 g	17,6 g	8,3 g	7,4 g	1 g	1,7 g

TORTILLA DE CANGREJO Y GUINDILLA

PARA I PERSONA | SOLO 10 MINUTOS EN TOTAL

½-1 guindilla roja fresca

75 g de carne de cangrejo blanca y rosa mezcladas

½ limón

10 g de queso cheddar

2 huevos grandes

Quitar las semillas de la guindilla y picarla finamente. Mezclar la cantidad que se desee con la carne de cangrejo, un chorrito de zumo de limón y un poco de sal marina y pimienta negra. Rallar el queso muy finamente. Batir bien los huevos y reservarlos.

Poner una sartén antiadherente de 30 cm a fuego medio-fuerte, añadir un chorrito de aceite de oliva y extenderlo por toda la sartén con un papel de cocina. Verter los huevos y hacer que cubran todo el fondo de la sartén hasta los bordes. Con rapidez, espolvorear el queso por encima, agregar la carne de cangrejo aliñada y apagar el fuego. Con una espátula de goma, separar la tortilla de los bordes y enrollarla un par de veces; hay que hacer capas, da igual cómo se enrolle o si se rompe, lo importante es no cocerla demasiado. Disponer la tortilla en un plato, rociarla con un poco de aceite de oliva virgen extra, y ¡al ataque!

CALORÍAS	GRASAS	GRASAS SATURADAS	PROTEÍNAS	CARBOHIDRATOS	AZÚCAR	SAL	FIBRA
300 kcal	19,1 g	6,6 g	30,6 g	2,8 g	0,9 g	2 g	0,5 g

FRITTATA DE SALMÓN AHUMADO

PARA 2 PERSONAS | SOLO 13 MINUTOS EN TOTAL

125 g de salmón ahumado en caliente, sin piel

1 manojo de cebolletas

4 huevos grandes

2 cucharadas colmadas de crème fraîche semidesnatada

40 g de queso Red Leicester

Precalentar el gratinador al máximo. Calentar a fuego medio-fuerte una sartén antiadherente de 26 cm que pueda ir al horno. Poner el salmón en la sartén y romperlo cuando empiece a freírse. Limpiar las cebolletas, cortarlas finamente y añadirlas con una pizca de pimienta negra. Remover de vez en cuando durante 5 minutos. Mientras, en un bol grande, batir muy bien los huevos hasta que hayan doblado su volumen.

Reducir el fuego al mínimo, rallar el queso e incorporarlo junto con la crème fraîche. Poner el contenido de la sartén en el bol de los huevos y homogeneizar. Verter de nuevo en la sartén y extender bien, hasta que la mezcla cubra los bordes. Gratinar en el horno durante 5 minutos o hasta que esté dorada y haya cuajado; vigilarla continuamente. Separar los bordes de la frittata con una espátula, disponerla sobre una tabla, cortarla y servirla.

CALORÍAS	GRASAS	GRASAS SATURADAS	PROTEÍNAS	CARBOHIDRATOS	AZÚCAR	SAL	FIBRA
420 kcal	29,4 g	11,8 g	36,8 g	3,7 g	3,1 g	2,1 g	0 g

DESAYUNO MEXICANO
PARA TODO EL DÍA

PARA 2 PERSONAS | SOLO 15 MINUTOS EN TOTAL

1-2 guindillas frescas de dos colores

4 huevos grandes

400 g de frijoles negros en conserva

1 aguacate maduro

1 lima

Laminar las guindillas bien finas (¡usa tantas como te atrevas!). Poner la mitad en una sartén antiadherente de 30 cm a fuego medio con 1 cucharadita de aceite de oliva. Cuando empiecen a chisporrotear, cascar los huevos en la sartén repartiéndolos de manera uniforme, luego añadir los frijoles negros y la mitad de su jugo alrededor de los huevos. Sazonar con sal marina y pimienta negra, tapar la sartén y dejar cuajar los huevos hasta que tengan el punto de cocción deseado.

Mientras, partir el aguacate por la mitad, retirar el hueso y pelarlo, cortarlo en cuñas, aliñar con el zumo de lima y sazonar al gusto. Colocar el aguacate alrededor de la sartén, esparcir por encima el resto de las guindillas, pinchar las yemas de los huevos y servir.

CALORÍAS	GRASAS	GRASAS SATURADAS	PROTEÍNAS	CARBOHIDRATOS	AZÚCAR	SAL	FIBRA
381 kcal	24,8 g	5,8 g	23,8 g	11,1 g	1,2 g	0,9 g	12,1 g

ENSALADA CON CINTAS DE HUEVO

PARA 2 PERSONAS | SOLO 15 MINUTOS EN TOTAL

50 g de bresaola en lonchas finas

4 huevos grandes

2 endibias de dos colores

1 limón

10 g de parmesano

Colocar las rodajas de bresaola en dos platos. Batir bien los huevos en un bol. Poner una sartén antiadherente de 26 cm a fuego medio, añadir un chorrito de aceite de oliva y esparcirlo por toda la sartén con un papel de cocina. Verter solo la cantidad de huevo necesaria para cubrir la base de la sartén con una capa fina, como si fuera una crepe, moviendo la sartén para que se reparta bien, y verter de nuevo en el bol el huevo sobrante. Cuando cuaje, separarla de los bordes con una espátula de goma y ponerla en una tabla de cortar. Hacer lo mismo con el huevo restante. Dejar enfriar, enrollar las tortillas y cortarlas en cintas finas.

Limpiar las endibias y cortarlas bien finas. Aliñarlas con el zumo de limón y ½ cucharada de aceite de oliva virgen extra, mezclarlas con las cintas de huevo. Probar la ensalada, sazonarla al gusto con sal marina y pimienta negra. Poner un montoncito encima de la bresaola, cortar el parmesano en virutas y esparcirlas, acabar con un poco de aceite de oliva virgen extra.

CALORÍAS	GRASAS	GRASAS SATURADAS	PROTEÍNAS	CARBOHIDRATOS	AZÚCAR	SAL	FIBRA
280 kcal	19,5 g	5,7 g	26,3 g	2,9 g	0,9 g	1,3 g	0 g

FRITTATA DE SETAS Y BEICON

PARA 4 PERSONAS | 24 MINUTOS EN TOTAL

4 lonchas de beicon

400 g de setas variadas

8 huevos grandes

80 g de queso cheddar

50 g de rúcula

Precalentar el horno a 200 °C. Cortar el beicon y freírlo en una sartén antiadherente de 26 cm, apta para el horno, con 1 cucharadita de aceite de oliva, a fuego medio durante 2 minutos. Añadir las setas, troceadas las más grandes. Sazonarlas con sal marina y pimienta negra, rehogarlas durante 5 minutos, o hasta que estén doradas, removiendo a menudo.

Batir ligeramente los huevos, verterlos en la sartén y esparcir por encima el queso en trocitos. Hornear la frittata durante 10 minutos, o hasta que haya cuajado por completo. Separar los bordes con una espátula, disponerla sobre una tabla. Aliñar la rúcula con un poco de aceite de oliva virgen extra y vinagre de vino tinto y esparcirla por encima.

CALORÍAS	GRASAS	GRASAS SATURADAS	PROTEÍNAS	CARBOHIDRATOS	AZÚCAR	SAL	FIBRA
299 kcal	23,5 g	8,7 g	22,9 g	0,4 g	0,2 g	1,5 g	1,3 g

POLLO

ALAS DE POLLO CARAMELIZADAS

PARA 2 PERSONAS | PREPARACIÓN RÁPIDA 6 MINUTOS | COCCIÓN 40 MINUTOS

1 cucharada de semillas de sésamo

4 alas de pollo grandes

2 cucharadas de salsa teriyaki

1 guindilla roja fresca

2 cebolletas

Tostar las semillas de sésamo en una sartén antiadherente de 20 cm, sin aceite, a fuego medio, hasta que estén algo doradas. Reservarlas en un plato. Poner las alas en la sartén, sin que se toquen entre ellas. Dorarlas 1 minuto por cada lado, agregar la salsa teriyaki y cubrir las alas con agua. Cortar la guindilla a lo largo y añadirla a la sartén. Dejar cocer a fuego lento de 35 a 40 minutos, o hasta que el pollo esté tierno y la salsa, caramelizada y espesa, removiendo de vez en cuando.

Añadir un chorrito de vinagre de vino tinto, moviendo la sartén para recoger todos los trocitos caramelizados del fondo. Limpiar las cebolletas y cortarlas en rodajas finas, esparcirlas por encima del pollo con las semillas de sésamo tostadas, y ¡a comer!

CALORÍAS	GRASAS	GRASAS SATURADAS	PROTEÍNAS	CARBOHIDRATOS	AZÚCAR	SAL	FIBRA
306 kcal	18,6 g	4,9 g	27,1 g	7,4 g	6,2 g	1,4 g	0 g

POLLO ASADO TIKKA

PARA 4 PERSONAS | PREPARACIÓN RÁPIDA 10 MINUTOS | COCCIÓN LENTA 1 HORA

800 g de patatas

1 coliflor pequeña (600 g)

1 manojo de cilantro fresco (30 g)

1 pollo entero de 1,2 kg

2 cucharadas de pasta de curri tikka

Precalentar el horno a 180 °C. Lavar las patatas y cortarlas en trozos de 3 cm. Quitar el tallo de la coliflor y todas las hojas exteriores, luego cortar la coliflor y las hojas tiernas en trozos del mismo tamaño que las patatas. Picar finamente los tallos de cilantro y reservar las hojas en un bol con agua fría. En una fuente de horno de 30 cm x 40 cm, mezclar las verduras y los tallos de cilantro con una pizca de sal marina y pimienta negra, y añadir 1 cucharada de aceite de oliva y otra de vinagre de vino tinto.

Colocar el pollo en la fuente y untarlo por todas partes con la pasta de curri tikka, procurando que la pasta penetre bien en todos los rincones y recovecos. Poner el pollo directamente sobre la rejilla del horno y disponer la fuente con las verduras exactamente debajo del pollo para ir recogiendo todos los jugos que vaya soltando. Asarlo todo durante 1 hora, o hasta que esté dorado y cocido, dando la vuelta a las verduras a media cocción. Dejar reposar el pollo 5 minutos encima de las verduras de la fuente, esparcir por encima las hojas de cilantro escurridas y servir mezclando las verduras con todos los jugos de cocción antes de emplatar.

CALORÍAS	GRASAS	GRASAS SATURADAS	PROTEÍNAS	CARBOHIDRATOS	AZÚCAR	SAL	FIBRA
467 kcal	15,9 g	3,3 g	42,3 g	40,6 g	5,7 g	1,1 g	5,9 g

POLLO CON FIDEOS

PARA 2 PERSONAS | 16 MINUTOS EN TOTAL

30 g de cacahuetes sin sal

2 pechugas de pollo de 120 g cada una, sin piel

2 cucharadas de salsa de frijoles negros

150 g de fideos de huevo medianos

200 g de ramitos de brócoli

Poner una sartén grande antiadherente a fuego medio y tostar los cacahuetes mientras se va calentando, removiendo a menudo. Retirarlos y reservarlos, dejando la sartén en el fuego. Mientras, hacer unos cortes longitudinales en las pechugas a intervalos de 1 cm, sin llegar a cortarlas hasta abajo. En un bol, untar el pollo con 1 cucharada de aceite de oliva, una de vinagre de vino tinto y otra de salsa de frijoles negros hasta que quede cubierto. Freírlo en la sartén caliente durante 3 minutos por cada lado, o hasta que esté bien dorado y caramelizado.

Cocer los fideos en una cacerola grande con agua salada hirviendo, siguiendo las instrucciones del paquete. Limpiar el brócoli, cortando por la mitad los tallos gruesos, y sumergirlo en el agua los últimos 2 minutos. Poner el pollo sobre una tabla. Con unas pinzas, retirar con cuidado los fideos y el brócoli de la cacerola y ponerlos en la sartén junto con un poco del agua de cocción. Majar la mitad de los cacahuetes en un mortero hasta obtener un picado fino, agregarlo a la sartén con la salsa de frijoles negros restante, mezclarlo todo y repartirlo entre los platos. Cortar el pollo y disponerlo encima, esparcir el resto de los cacahuetes, rociar con un poco de aceite de oliva virgen extra, y ¡al ataque!

CALORÍAS	GRASAS	GRASAS SATURADAS	PROTEÍNAS	CARBOHIDRATOS	AZÚCAR	SAL	FIBRA
579 kcal	18,7 g	3,4 g	45,5 g	60,7 g	5,5 g	1,4 g	4,3 g

EMPANADA DE POLLO

PARA 4 PERSONAS | 30 MINUTOS EN TOTAL

2 cebollas

600 g de muslos de pollo, deshuesados y sin piel

350 g de setas variadas

1 manojo de tomillo fresco (30 g)

375 g de masa de hojaldre de buena calidad (fría)

Precalentar el horno a 220 °C. Poner a fuego fuerte una sartén antiadherente de 30 cm, apta para el horno, y otra sartén pequeña antiadherente a fuego medio. Poner 1 cucharada de aceite de oliva en la sartén grande. Pelar y picar las cebollas, añadirlas a la sartén grande. Cortar en trozos dos terceras partes de los muslos, picar finamente el resto y agregarlo a la sartén con las cebollas. Rehogarlo durante 6 minutos, o hasta que esté dorado, removiendo de vez en cuando. Mientras, trocear las setas más grandes y dorarlas todas en la sartén pequeña sin aceite, durante 4 minutos, hasta que desprendan aroma a frutos secos. Agregarlas a la sartén del pollo junto con la mitad de las hojas de tomillo.

Retirar el pollo del fuego, sazonarlo con una pizca de sal marina y pimienta negra, añadir 1 cucharada de vinagre de vino tinto y 150 ml de agua. Trabajando rápidamente, estirar el hojaldre hasta que tenga un diámetro 2 cm mayor que la sartén, colocarlo encima del relleno, empujándolo en los bordes hacia dentro con una cuchara de madera. Hacer unos cortes poco profundos en la superficie de la masa y untarla con 1 cucharadita de aceite de oliva. Luego, introducir el resto de las ramitas de tomillo en el centro de la empanada. Hornearla en la parte inferior del horno durante 15 minutos, o hasta que esté dorada y el hojaldre se haya hinchado. ¡Así de fácil!

CALORÍAS	GRASAS	GRASAS SATURADAS	PROTEÍNAS	CARBOHIDRATOS	AZÚCAR	SAL	FIBRA
683 kcal	40,7 g	19,8 g	36,7 g	42 g	7,2 g	1,2 g	4,3 g

PECHUGA DE POLLO
CON MANTEQUILLA DE CACAHUETE

PARA 2 PERSONAS | SOLO 12 MINUTOS EN TOTAL

2 pechugas de pollo de 120 g cada una, sin piel

2 limas

4 dientes de ajo

2 cucharadas colmadas de mantequilla de cacahuete

1-2 guindillas rojas frescas

Encender el gratinador a temperatura media-alta. Hacer unos cortes en la superficie de las pechugas en forma de rejilla, untarlas con 1 cucharada de aceite de oliva, una pizca de sal marina y pimienta negra y la piel de 1 lima finamente rallada. Poner las pechugas con los cortes hacia abajo en una sartén antiadherente de 26 cm, apta para el horno, a fuego medio-fuerte. Mientras, rallar finamente los ajos en un bol. Exprimir el zumo de 1½ limas, mezclarlo con los ajos y la mantequilla de cacahuete y desleír la mezcla con suficiente agua para obtener una consistencia de salsa. Laminar las guindillas, mezclarlas (¡tantas como te atrevas!) con la salsa, probar y sazonar al gusto.

Darle la vuelta al pollo, extender la salsa por encima y ponerlo en el gratinador, aproximadamente a unos 10 cm del calor, y asarlo 5 minutos, o hasta que esté hecho y caramelizado. Rallar por encima el resto de la cáscara de lima y rociarlo con 1 cucharadita de aceite de oliva virgen extra. Servirlo con trozos de lima, para exprimir por encima.

CALORÍAS	GRASAS	GRASAS SATURADAS	PROTEÍNAS	CARBOHIDRATOS	AZÚCAR	SAL	FIBRA
405 kcal	25 g	4,6 g	38,6 g	6 g	1,8 g	0,9 g	1,8 g

POLLO ASADO CON HARISSA

PARA 4 PERSONAS ⋮ **PREPARACIÓN RÁPIDA 9 MINUTOS** ⋮ **COCCIÓN 50 MINUTOS**

4 pimientos de distintos colores

2 cebollas rojas

1 pollo entero de 1,2 kg

4 cucharaditas colmadas de harissa

4 ramitas de menta fresca

Precalentar el horno a 180°C. Retirar las semillas de los pimientos y cortarlos en trozos grandes, pelar las cebollas, cortarlas en cuartos y separarlas en pétalos. Ponerlo todo en una fuente de horno de 30 cm x 40 cm. Con un cuchillo grande bien afilado, cortar la parte posterior del pollo para poderlo abrir hacia afuera de modo que quede plano, luego hacer un corte en los muslos. Ponerlo en la fuente junto con la harissa, un poco de sal marina, pimienta negra y vinagre de vino tinto. Untarlo bien, procurando que el aliño penetre en todos los rincones y recovecos del pollo.

Disponer el pollo plano encima de las hortalizas, con la piel hacia arriba, y asarlo durante 50 minutos, o hasta que esté hecho y bien dorado. Antes de servir, esparcir por encima las hojas de menta.

CALORÍAS	GRASAS	GRASAS SATURADAS	PROTEÍNAS	CARBOHIDRATOS	AZÚCAR	SAL	FIBRA
297 kcal	11,4 g	2,7 g	35 g	13,9 g	12,2 g	0,9 g	5,8 g

POLLO CRUJIENTE CON AJO

PARA 2 PERSONAS | 20 MINUTOS EN TOTAL

2 pechugas de pollo de 120 g cada una, sin piel

2 rebanadas gruesas de pan integral con semillas (75 g cada una)

1 diente de ajo

1 limón

50 g de rúcula

Poner las pechugas de pollo entre dos papeles de horno y golpearlas con la base de una sartén grande antiadherente hasta que tengan un grosor de 1 cm aproximadamente. Poner el pan cortado en trozos en una batidora, pelar el ajo, cortarlo y añadirlo a la batidora, triturarlo todo hasta obtener un pan rallado fino. Espolvorearlo encima del pollo, rebozándolo por ambos lados. Envolver de nuevo el pollo con el papel y golpearlo para que el pan rallado quede bien incrustado y las pechugas, algo más aplastadas.

Poner la sartén a fuego medio. Freír el pollo rebozado con 1 cucharada de aceite de oliva durante 3 minutos por cada lado, o hasta que esté crujiente, dorado y hecho por dentro. Cortarlo en tiras, emplatarlo, sazonarlo al gusto con sal marina y pimienta negra, acompañarlo con la rúcula aliñada con zumo de limón y servirlo con trozos de limón, para exprimir por encima.

CALORÍAS	GRASAS	GRASAS SATURADAS	PROTEÍNAS	CARBOHIDRATOS	AZÚCAR	SAL	FIBRA
366 kcal	11 g	2 g	36,6 g	32,1 g	2,4 g	1,1 g	5,8 g

SOPA DE POLLO TAILANDESA

PARA 6 PERSONAS | PREPARACIÓN RÁPIDA 10 MINUTOS
COCCIÓN LENTA 1 HORA 20 MINUTOS

1 pollo entero de 1,6 kg

1 calabaza moscada (1,2 kg)

1 manojo de cilantro fresco (30 g)

100 g de pasta de curri rojo tailandés

400 ml de leche de coco ligera

Poner el pollo en una cacerola grande y honda. Cortar la calabaza por la mitad a lo largo, y luego en trozos de 3 cm, retirando las semillas. Picar los tallos de cilantro, añadirlos a la cacerola con la calabaza, la pasta de curri y la leche de coco. Añadir 1 litro de agua. Tapar y cocer a fuego medio durante 1 hora y 20 minutos.

Con unas pinzas, retirar el pollo y disponerlo en una fuente. Desengrasar la superficie de la sopa con una espumadera y poner la grasa por encima del pollo. Llevar la fuente a la mesa con 2 tenedores para repartir la carne. Con un triturador de patatas, aplastar algunos trozos de calabaza para espesar un poco la sopa. Probarla, sazonarla al gusto con sal marina y pimienta negra, repartirla entre seis boles y esparcir encima las hojas de cilantro. Desmenuzar el pollo y añadirlo a los boles cuando se vaya a comer.

CALORÍAS	GRASAS	GRASAS SATURADAS	PROTEÍNAS	CARBOHIDRATOS	AZÚCAR	SAL	FIBRA
354 kcal	16,1 g	5,8 g	32,8 g	20,5 g	11,8 g	0,9 g	4,8 g

SORPRESA DE POLLO DULCE

PARA 2 PERSONAS | PREPARACIÓN RÁPIDA 8 MINUTOS | COCCIÓN 40 MINUTOS

2 muslos de pollo de 200 g cada uno

1 cabeza de ajos

250 g de uvas de distintos colores, sin semillas

100 ml de vermut rojo

4 ramitas de estragón fresco

Precalentar el horno a 180 °C. Poner a fuego fuerte una sartén antiadherente apta para el horno. Untar el pollo por todas partes con ½ cucharada de aceite de oliva, sazonarlo con sal marina y pimienta negra y ponerlo en la sartén con la piel hacia abajo. Freírlo un par de minutos hasta que esté dorado, aplastar los dientes de ajo con la palma de la mano sin pelarlos y añadirlos a la sartén. Incorporar los granos de uva.

Darle la vuelta al pollo para que quede con la piel hacia arriba. Verter el vermut en la sartén, ponerla en el horno y asar el pollo durante 40 minutos, o hasta que esté tierno y dorado, y la salsa se haya reducido y esté caramelizada. Verter un chorrito de agua para desprender todos los trocitos pegados a la sartén. Esparcir el estragón por encima y servir.

CALORÍAS	GRASAS	GRASAS SATURADAS	PROTEÍNAS	CARBOHIDRATOS	AZÚCAR	SAL	FIBRA
440 kcal	22,2 g	5,6 g	28 g	25,8 g	22 g	0,8 g	1,6 g

POLLO HOJALDRADO AL PESTO

PARA 4 PERSONAS | 30 MINUTOS EN TOTAL

320 g de masa de hojaldre en hojas (fría)

4 pechugas de pollo sin piel de 120 g cada una

4 cucharaditas colmadas de pesto verde

400 g de tomates cherry en rama maduros

400 g de judías verdes

Precalentar el horno a 220 °C. Desenrollar la masa, cortarla por la mitad a lo largo y luego cada mitad a lo ancho en 8 tiras iguales. Aplanar las pechugas de pollo golpeándolas con los puños hasta que el lado más grueso tenga el mismo grosor que el extremo delgado. Ponerlas en una fuente de horno, sazonarlas con sal marina y pimienta negra, extender el pesto por encima, luego poner 4 tiras de masa superpuestas encima de cada pechuga, metiéndolas por debajo en los bordes. Untarlas con un poco de aceite de oliva. Aliñar los tomates de rama con aceite de oliva, sazonarlos y ponerlos en otra fuente. Poner la fuente con el pollo en el estante superior del horno y los tomates debajo, y asarlo todo durante 20 minutos, o hasta que el pollo esté hecho y la masa, dorada.

Mientras, limpiar las judías, cortar solo el extremo del tallo, y cocerlas en una cacerola con agua salada hirviendo durante 7 minutos, o hasta que estén tiernas. Disponer el pollo sobre una tabla con la mitad de los tomates. Aplastar el resto de los tomates en la fuente y desechar las ramas. Escurrir las judías y añadirlas a la fuente con los tomates, probar y sazonar al gusto. Cortar las pechugas al bies y servirlas encima de las judías, con los tomates enteros.

CALORÍAS	GRASAS	GRASAS SATURADAS	PROTEÍNAS	CARBOHIDRATOS	AZÚCAR	SAL	FIBRA
618 kcal	34,8 g	18 g	36,3 g	40,4 g	7,1 g	1,7 g	4,9 g

POLLO CREMOSO CON MOSTAZA

PARA 2 PERSONAS   20 MINUTOS EN TOTAL

200 g de setas variadas

1 cebolla roja

2 pechugas de pollo sin piel de 120 g cada una

2 cucharaditas de mostaza a la antigua

60 ml de nata líquida

Poner una sartén antiadherente de 30 cm a fuego medio-fuerte. Trocear las setas más grandes e incorporarlas todas a la sartén, sin aceite. Dejar que se doren y desprendan su aroma a frutos secos, removiendo de vez en cuando. Mientras, pelar la cebolla y cortarla en rodajas finas, cortar las pechugas de pollo en tiras de 1 cm de grosor.

Cuando las setas estén hechas, añadir la cebolla y el pollo a la sartén con 1 cucharada de aceite de oliva. Rehogarlo todo 5 minutos, removiendo a menudo, agregar la mostaza, la nata y 150 ml de agua. Llevar a ebullición, luego cocer a fuego lento hasta que el pollo esté hecho y la salsa tenga una consistencia bastante líquida. Probar, sazonar al gusto con sal marina y pimienta negra, y servir.

CALORÍAS	GRASAS	GRASAS SATURADAS	PROTEÍNAS	CARBOHIDRATOS	AZÚCAR	SAL	FIBRA
304 kcal	16,1 g	5,4 g	32,8 g	7,6 g	5,6 g	0,5 g	2,5 g

POLLO CON SALSA HOISIN

PARA 2 PERSONAS | 25 MINUTOS EN TOTAL

2 muslos de pollo de 200 g cada uno

8 cebolletas

1-2 guindillas frescas de dos colores

3 naranjas normales o sanguinas

2 cucharadas colmadas de salsa hoisin

Poner una sartén antiadherente a fuego medio-fuerte. Quitar la piel del pollo, ponerlo todo en la sartén, piel y muslos, sazonarlo con sal marina y pimienta negra y dejar que se derrita toda la grasa y el pollo se dore durante unos 15 minutos, removiendo a menudo. Mientras, limpiar las cebolletas y cortarlas por la mitad, reservando las mitades blancas. Retirar las semillas de las guindillas, cortarlas finamente a lo largo, igual que la parte verde de las cebolletas, y ponerlo todo en un bol con agua helada para que se rice y quede crujiente. Pelar las naranjas, cortarlas en rodajas finas y colocarlas en los platos.

Retirar la piel del pollo cuando esté crujiente, añadir las partes blancas de las cebolletas a la sartén y dejar que se ablanden. En un bol, desleír la salsa hoisin con un chorrito de vinagre de vino tinto, untar el pollo con la mitad de la salsa. Cocerlo 5 minutos más. Escurrir las cebolletas y las guindillas, colocarlas en los platos, disponer el pollo y las mitades blancas de las cebolletas encima, rociarlo todo con el resto de la salsa hoisin y romper por encima la piel crujiente.

CALORÍAS	GRASAS	GRASAS SATURADAS	PROTEÍNAS	CARBOHIDRATOS	AZÚCAR	SAL	FIBRA
430 kcal	19,5 g	5,2 g	29 g	36,2 g	35 g	1,5 g	4 g

POLLO ASADO CON ROMERO

PARA 2 PERSONAS | PREPARACIÓN RÁPIDA 8 MINUTOS | COCCIÓN 50 MINUTOS

400 g de patatas

2 muslos de pollo de 200 g cada uno

6 dientes de ajo

2 ramitas de romero fresco

1 limón

Precalentar el horno a 180°C. Lavar las patatas, cortarlas en rodajas de ½ cm de grosor y ponerlas en una fuente de horno de 25 cm x 30 cm con el pollo, ½ cucharada de aceite de oliva y una pizca de sal marina y pimienta negra. Aplastar ligeramente los dientes de ajo sin pelarlos y añadirlos, mezclar bien todo. Disponer las patatas en una sola capa uniforme en la fuente y colocar el pollo directamente sobre la rejilla del horno con la piel hacia arriba, poniendo la fuente con las patatas exactamente debajo del pollo para ir recogiendo todos los jugos que vaya soltando. Asarlo durante 40 minutos.

Pasado este tiempo, mezclar las patatas con los jugos y colocar el pollo encima. Deshojar el romero, con un pelador de verduras hacer tiras de cáscara de limón, mezclar ambas cosas con 1 cucharadita de aceite de oliva y esparcirlo por la fuente. Exprimir encima el jugo de ½ limón y seguir asando el pollo 10 minutos más, o hasta que esté tierno y bien dorado.

CALORÍAS	GRASAS	GRASAS SATURADAS	PROTEÍNAS	CARBOHIDRATOS	AZÚCAR	SAL	FIBRA
490 kcal	25,4 g	6 g	30,4 g	37,2 g	1,4 g	0,8 g	3,2 g

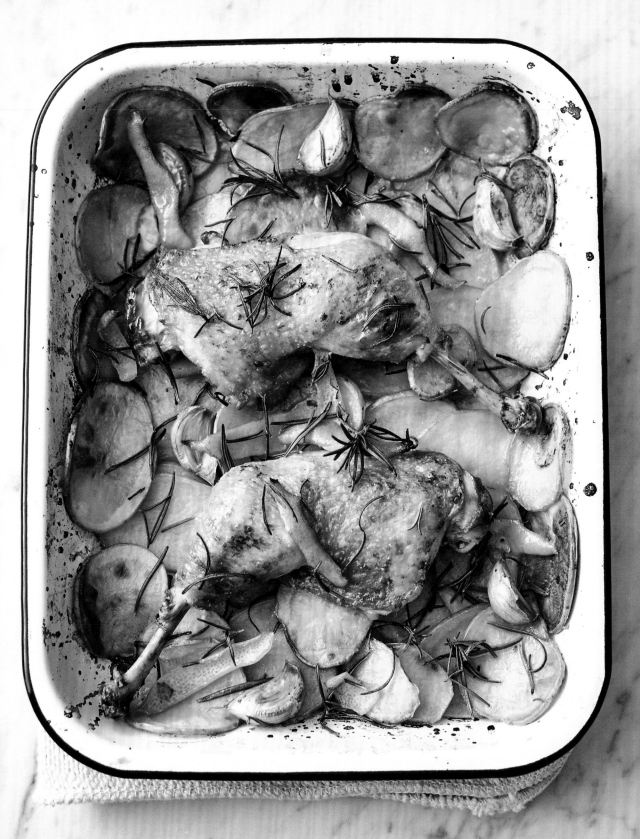

PESCADO

SALMÓN CON CHORIZO

PARA 2 PERSONAS | SOLO 11 MINUTOS EN TOTAL

2 filetes de salmón de 150 g cada uno, con piel, sin escamas ni espinas

300 g de tomates cherry maduros de distintos colores

4 ramitas de albahaca fresca

8 aceitunas negras con hueso

30 g de chorizo

Poner los filetes de salmón con la piel hacia arriba en una sartén grande antiadherente a fuego medio-fuerte. Cuando la sartén empiece a calentarse y el salmón, a crepitar (unos 3 minutos), darle la vuelta y cocerlo con la piel hacia abajo unos 5 minutos, o hasta que la piel esté crujiente pero la carne poco hecha (dependiendo de su grosor).

Mientras, cortar los tomates cherry por la mitad, trocear casi todas las hojas de albahaca, aliñarlo todo con 1 cucharada de vinagre de vino tinto y una pizca de sal marina y pimienta negra. Deshuesar y picar las aceitunas. Mezclarlas con 1 cucharadita de aceite de oliva virgen extra y un chorrito de agua.

Cortar el chorizo en rodajas finas, añadirlo a la sartén los últimos 2 minutos, y agregar los tomates aliñados los últimos 30 segundos de cocción. Repartirlo entre los platos, con el salmón encima. Con una cuchara, añadir las aceitunas aliñadas y el resto de las hojas de albahaca.

CALORÍAS	GRASAS	GRASAS SATURADAS	PROTEÍNAS	CARBOHIDRATOS	AZÚCAR	SAL	FIBRA
363 kcal	22,8 g	4,8 g	34,3 g	5,1 g	4,9 g	1,2 g	1,5 g

PASTEL FÁCIL DE PESCADO

PARA 4 PERSONAS | 28 MINUTOS EN TOTAL

400 g de bacalao ahumado sin colorante, sin piel

2 manojos de cebolletas

250 g de espinacas tiernas

150 g de queso cheddar

4 hojas de pasta filo

Precalentar el horno a 200 °C. En un bol, cubrir el pescado con agua hirviendo y dejarlo en remojo. Mientras tanto, limpiar y cortar las cebolletas, ponerlas en una sartén antiadherente de 30 cm, apta para el horno, a fuego fuerte y con 1 cucharada de aceite de oliva. Rehogarlas durante 2 minutos, añadir las espinacas, dejar que se ablanden y apagar el fuego.

Verter 100 ml del agua de remojar el pescado por encima de las espinacas, escurrir el pescado, desmenuzarlo y colocar los trozos bien repartidos por la sartén. Agregar casi todo el queso finamente rallado y sazonar bien con pimienta negra. Rápidamente, cubrir con las hojas de pasta filo, metiéndolas alrededor del pescado y por los bordes de la sartén, y romper la última hoja de forma irregular y esparcirla. Rallar el queso restante por encima, rociarlo con ½ cucharada de aceite de oliva y hornear el pastel de 15 a 17 minutos, o hasta que esté dorado y crujiente. ¡Es pan comido!

CALORÍAS	GRASAS	GRASAS SATURADAS	PROTEÍNAS	CARBOHIDRATOS	AZÚCAR	SAL	FIBRA
431 kcal	20,9 g	9,3 g	34,5 g	27,9 g	3,4 g	3,2 g	3,5 g

VIEIRAS CON PURÉ
DE PATATAS Y GUISANTES

PARA 2 PERSONAS | 18 MINUTOS EN TOTAL

400 g de patatas

200 g de guisantes congelados

½ manojo de menta fresca (15 g)

6-8 vieras grandes crudas y limpias, con su coral

50 g de morcilla

Lavar las patatas, cortarlas en trozos de 3 cm y cocerlas en una cacerola con agua salada hirviendo durante 12 minutos, o hasta que estén tiernas; añadir los guisantes los últimos 3 minutos. Mientras, picar casi todas las hojas de menta y reservarlas. Poner una sartén antiadherente a fuego medio-fuerte. Cuando esté caliente, añadir 1 cucharada de aceite de oliva y las hojas de menta enteras, freírlas 1 minuto, reservarlas en un plato, dejando el aceite en la sartén. Sazonar las vieiras con sal marina y pimienta negra y sofreírlas 2 minutos por cada lado, o hasta que estén doradas. Desmenuzar por encima la morcilla, sin la piel, y freírla hasta que esté crujiente.

Escurrir los guisantes y las patatas, ponerlos de nuevo en la cacerola, chafarlo todo bien con las hojas de menta picadas y 1 cucharada de aceite de oliva virgen extra, probar y sazonar al gusto. Emplatar el puré con las vieiras y la morcilla encima, rociarlo con un poco de aceite de oliva virgen extra y espolvorear las hojas de menta crujientes.

CALORÍAS	GRASAS	GRASAS SATURADAS	PROTEÍNAS	CARBOHIDRATOS	AZÚCAR	SAL	FIBRA
517 kcal	23,6 g	5 g	27,4 g	52 g	3,6 g	1,3 g	7,9 g

HAMBURGUESAS
ASIÁTICAS DE PESCADO

PARA 4 HAMBURGUESAS | 22 MINUTOS EN TOTAL

I tallo de hierba de limón

I trozo de jengibre de 6 cm

½ manojo de cilantro fresco (15 g)

500 g de filetes de salmón, sin piel ni espinas

4 cucharaditas de mermelada de guindilla

Golpear la hierba de limón sobre la superficie de trabajo y quitar la capa dura exterior. Pelar el jengibre, picarlo finamente junto con la parte tierna de la hierba de limón y casi todo el cilantro, incluidos los tallos, reservando algunas hojas en un bol con agua fría. Cortar el salmón en trozos de I cm encima de la mezcla de la tabla, reservar la mitad del salmón. Picar el resto muy finamente, de modo que quede casi como una pasta, mezclarlo con los trozos más grandes y sazonar con sal marina y pimienta negra. Dividir la mezcla en 4 partes, darles forma de hamburguesas de 2 cm de grosor.

Poner una sartén grande antiadherente a fuego medio-fuerte con I cucharada de aceite de oliva. Freír las hamburguesas 2 minutos por cada lado, o hasta que se doren. Poner un poco de mermelada de guindilla encima de cada una, verter un chorrito de agua en la sartén, apagar el fuego y mover la sartén para impregnar las hamburguesas. Servirlas con las hojas de cilantro escurridas.

CALORÍAS	GRASAS	GRASAS SATURADAS	PROTEÍNAS	CARBOHIDRATOS	AZÚCAR	SAL	FIBRA
277 kcal	17,2 g	2,9 g	25,7 g	4,8 g	3,8 g	0,7 g	0,1 g

CALAMARES CRUJIENTES
CON PURÉ DE AGUACATE

PARA 2 PERSONAS   20 MINUTOS EN TOTAL

250 g de calamares, limpios y sin tripas

2 cucharadas colmadas de harina integral

1 aguacate maduro

2 limas

2 cucharaditas de salsa picante de guindilla

Calentar 1 cm de aceite de oliva en una sartén grande antiadherente a fuego medio-fuerte, vigilando que no se queme. Mientras, cortar los cuerpos de los calamares en aros de 1 cm, mezclarlos bien con la harina y una pizca de sal marina y pimienta negra hasta que estén bien rebozados. Partir el aguacate por la mitad y quitar el hueso, poner la pulpa en un bol. Rallar finamente la cáscara de 1 lima por encima, añadir el zumo y chafar el aguacate hasta obtener un puré. Probar, sazonar al gusto y repartirlo entre dos platos.

Para comprobar si el aceite está lo suficientemente caliente, meter un trozo de calamar en la sartén con cuidado, si chisporrotea y se dora, ya está listo. Poner el resto de los aros de calamar, de uno en uno, en el aceite caliente, darles la vuelta con unas pinzas y dejar que se doren; si fuera necesario, freírlos por tandas. Ponerlos en un plato con papel de cocina para que se escurran, disponerlos encima del aguacate. Rociarlos con la salsa de guindilla y un poco de aceite de oliva virgen extra, y servirlos con trozos de lima para exprimir por encima.

CALORÍAS	GRASAS	GRASAS SATURADAS	PROTEÍNAS	CARBOHIDRATOS	AZÚCAR	SAL	FIBRA
473 kcal	29,3 g	5 g	25,4 g	28,7 g	1,8 g	1 g	3,7 g

ATÚN CON SÉSAMO

PARA 2 PERSONAS | SOLO 10 MINUTOS EN TOTAL

1 cucharada colmada de pasta de miso

2 filetes de atún de 150 g cada uno (de 2 cm de grosor)

4 cucharadas de semillas de sésamo

8 cebolletas

150 g de tirabeques

Poner una sartén grande antiadherente a fuego medio-fuerte. Untar el atún por ambos lados con el miso y rebozarlo con las semillas de sésamo hasta que quede bien cubierto. Poner el atún en la sartén caliente con 1 cucharada de aceite de oliva y marcarlo 1½ minutos por cada lado, hasta que quede dorado por fuera pero rosado por dentro. Dejarlo reposar sobre una tabla. Limpiar la sartén con un papel de cocina y ponerla de nuevo en el fuego.

Limpiar las cebolletas y cortarlas al bies en trozos de la misma longitud que los tirabeques. Ponerlo todo en la sartén caliente con unas gotas de vinagre de vino tinto y una pizca de sal marina, rehogarlo durante 2 minutos hasta que se dore ligeramente. Cortar el atún con sésamo y servirlo encima de las verduras, aliñado con 1 cucharadita de aceite de oliva virgen extra.

CALORÍAS	GRASAS	GRASAS SATURADAS	PROTEÍNAS	CARBOHIDRATOS	AZÚCAR	SAL	FIBRA
450 kcal	27,4 g	5,1 g	43,9 g	7,5 g	4 g	1,1 g	3,3 g

CURRI FÁCIL DE PESCADO

PARA 4 PERSONAS | SOLO 14 MINUTOS EN TOTAL

500 g de tomates cherry maduros de distintos colores

500 g de filetes de pescado blanco, como bacalao, sin piel ni espinas

1 cucharada colmada de pasta de curri korma

1 cucharada de lima encurtida

400 ml de leche de coco ligera

Poner 1 cucharada de aceite de oliva en una cacerola grande y poco profunda a fuego fuerte. Partir los tomates por la mitad, añadirlos a la cacerola con la piel hacia abajo. Rehogarlos 2 minutos sin removerlos; mientras, cortar el pescado en trozos de 4 cm.

Añadir a la cacerola el pescado, la pasta de curri, la lima encurtida y la leche de coco. Llevar a ebullición, dejar cocer a fuego lento durante 6 minutos, vigilando que el pescado no se rompa. Probar, sazonar al gusto con sal marina y pimienta negra y servir. ¡Buen provecho!

CALORÍAS	GRASAS	GRASAS SATURADAS	PROTEÍNAS	CARBOHIDRATOS	AZÚCAR	SAL	FIBRA
257 kcal	13,3 g	6 g	26,4 g	8,2 g	7 g	0,9 g	2,1 g

LENGUADO CRUJIENTE

PARA 2 PERSONAS | 20 MINUTOS EN TOTAL

140 g de corazones de alcachofas en aceite

2 calabacines de dos colores

1 manojo de menta fresca (30 g)

2 filetes de pescado blanco plano, como lenguado o gallo, con piel
y sin escamas, de 200 g cada uno

1-2 guindillas frescas de dos colores

Precalentar el gratinador al máximo. Cortar las alcachofas por la mitad a lo largo, ponerlas en una sartén grande antiadherente, apta para el horno, a fuego medio con 1 cucharada del aceite de la conserva. Partir los calabacines en cuatro a lo largo, retirar las semillas del centro, cortarlos al bies en trozos del mismo tamaño que las alcachofas y añadirlos a la sartén. Rehogarlos 10 minutos, removiendo a menudo. Picar las hojas de menta, agregar la mitad a la sartén con un chorrito de agua.

Untar el lenguado con un poco de aceite de oliva, sal marina y pimienta negra, colocarlo sobre las verduras con la piel hacia arriba. Poner la sartén directamente debajo del gratinador de 7 a 10 minutos, o hasta que la piel esté bien crujiente, vigilando que no se queme. Mientras, laminar las guindillas, mezclar la cantidad deseada con la menta restante, 2 cucharadas de vinagre de vino tinto y 1 cucharada de aceite de oliva virgen extra, probar y sazonar al gusto. Emplatar las verduras con el lenguado, con la mitad de la piel crujiente levantada para dejar a la vista el pescado, y rociarlo con el aliño de menta y guindilla.

CALORÍAS	GRASAS	GRASAS SATURADAS	PROTEÍNAS	CARBOHIDRATOS	AZÚCAR	SAL	FIBRA
309 kcal	13,6 g	2 g	38,8 g	5,9 g	3,7 g	2,8 g	3,3 g

MEJILLONES CREMOSOS

PARA 2 PERSONAS | SOLO 12 MINUTOS EN TOTAL

600 g de mejillones, limpios y sin barbas

4 dientes de ajo

1 manojo de cebollino fresco (30 g)

250 ml de sidra

50 g de nata espesa

Comprobar que todos los mejillones estén cerrados, y desechar los que no se cierren al golpearlos. Pelar y laminar los ajos. Picar finamente el cebollino.

Poner una cacerola grande y honda a fuego fuerte. Verter 1 cucharada de aceite de oliva, añadir los ajos y casi todo el cebollino, rehogarlos 1 minuto y verter encima la sidra. Llevar a ebullición, añadir los mejillones y la nata, tapar y dejar 3 o 4 minutos, agitando la cacerola de vez en cuando. Cuando todos los mejillones se hayan abierto y estén jugosos, ya estarán listos. Si alguno no se ha abierto, desecharlo.

Probar la salsa, sazonarla al gusto con sal marina y pimienta negra, emplatar los mejillones y esparcir por encima el cebollino restante antes de servir.

CALORÍAS	GRASAS	GRASAS SATURADAS	PROTEÍNAS	CARBOHIDRATOS	AZÚCAR	SAL	FIBRA
347 kcal	24,6 g	11,2 g	15,2 g	8,4 g	4,2 g	0,8 g	0,7 g

BACALAO CON BEICON

PARA 2 PERSONAS | 16 MINUTOS EN TOTAL

8 lonchas de beicon

2 filetes de pescado blanco, como bacalao, de 150 g cada uno, sin piel ni espinas

2 ramitas de romero fresco

250 g de lentejas cocidas

200 g de espinacas

Extender 4 lonchas de beicon superponiéndolas ligeramente. Poner un trozo de bacalao encima, sazonarlo con abundante pimienta negra y envolver el pescado con el beicon. Hacer lo mismo con el otro trozo. Poner los dos rollos de pescado en una sartén grande antiadherente a fuego medio y cocerlos 8 minutos, dándoles la vuelta de vez en cuando; añadir el romero los últimos 2 minutos.

Retirar el pescado y reservarlo en un plato. Agregar las lentejas a la sartén con 1 cucharada de vinagre de vino tinto, calentarlas durante 1 minuto recogiendo todo lo que haya quedado pegado, apartarlas a un lado, añadir las espinacas con un chorrito de agua y dejar que se ablanden. Probar, sazonar al gusto con sal marina y pimienta, y repartirlo todo entre dos platos. Disponer el bacalao con beicon encima de las lentejas con el romero, y aliñar con 1 cucharadita de aceite de oliva virgen extra.

CALORÍAS	GRASAS	GRASAS SATURADAS	PROTEÍNAS	CARBOHIDRATOS	AZÚCAR	SAL	FIBRA
348 kcal	9,2 g	2,4 g	44,1 g	22,9 g	2 g	1,2 g	2,1 g

ENSALADA ASIÁTICA DE ATÚN

PARA 2 PERSONAS | SOLO 10 MINUTOS EN TOTAL

200 g de rábanos, a ser posible con hojas

2 cucharaditas colmadas de jengibre encurtido

2 cucharaditas de salsa de soja baja en sal

250 g de soja congelada

2 filetes de atún de 150 g cada uno (de 2 cm de grosor)

Picar 2 rábanos con el jengibre encurtido, aliñarlos con la salsa de soja, 1 cucharada de aceite de oliva virgen extra y 2 cucharaditas de agua y reservarlos. Cortar finamente el resto de los rábanos con sus hojas.

Poner la soja en una sartén antiadherente a fuego fuerte, cubrirla con agua hirviendo, dejarla hervir 2 minutos y escurrirla. Poner de nuevo la sartén a fuego medio-fuerte. Untar el atún con 1 cucharadita de aceite de oliva y una pizca de sal marina y pimienta negra, marcarlo 1 ½ minutos por cada lado, para que quede rosado en el centro.

Repartir la soja y los rábanos entre los platos, romper un poco el atún y disponerlo encima, colocar la mezcla de jengibre encurtido sobre el atún, rociando todos los jugos alrededor del plato. Acabar con 1 cucharadita de aceite de oliva virgen extra.

CALORÍAS	GRASAS	GRASAS SATURADAS	PROTEÍNAS	CARBOHIDRATOS	AZÚCAR	SAL	FIBRA
426 kcal	19,2 g	3,5 g	54 g	9,8 g	5 g	1,3 g	0,1 g

LANGOSTINOS CON CHUTNEY DE MANGO

PARA 2 PERSONAS | 20 MINUTOS EN TOTAL

300 g de langostinos grandes con cáscara

6 dientes de ajo

I cucharadita de curri en polvo

I cucharada colmada de chutney de mango

I lima

Pelar los langostinos, dejando las cabezas para aprovechar todo su sabor. Rasgar el dorso de las colas peladas a lo largo con un cuchillo para quitar el intestino. Calentar una sartén grande antiadherente a fuego medio. Pelar y laminar los ajos, sofreírlos con I cucharada de aceite de oliva hasta que estén dorados y crujientes, reservarlos en un plato, dejando el aceite en la sartén.

Poner el curri en polvo en el aceite, añadir los langostinos. Rehogarlos 4 minutos, o hasta que estén hechos, removiendo a menudo. Agregar el chutney de mango, remover 30 segundos, probar, sazonar al gusto con sal marina y pimienta negra, y servir. Esparcir por encima el ajo crujiente y la ralladura, muy fina, de la mitad de la lima. Servir los langostinos con trozos de lima para exprimir por encima.

CALORÍAS	GRASAS	GRASAS SATURADAS	PROTEÍNAS	CARBOHIDRATOS	AZÚCAR	SAL	FIBRA
168 kcal	7,3 g	1,1 g	15,8 g	10,4 g	7,4 g	0,9 g	0,9 g

CAZUELA DE PESCADO

PARA 4 PERSONAS | SOLO 15 MINUTOS EN TOTAL

300 g de arroz basmati blanco

6 cucharaditas colmadas de olivada de aceitunas verdes

350 g de tomates cherry maduros de distintos colores

½ manojo de albahaca fresca (15 g)

500 g de filetes de pescado blanco, como bacalao, sin piel ni espinas

En una cacerola poco profunda a fuego fuerte, mezclar el arroz con 2 cucharaditas colmadas de olivada, luego agregar 600 ml de agua. Tapar la cacerola y llevar a ebullición. Mientras, cortar los tomates por la mitad y mezclarlos en un bol con 1 cucharada de aceite de oliva y otra de vinagre de vino tinto. Probarlos, sazonarlos al gusto con sal marina y pimienta negra, añadir casi todas las hojas de albahaca desmenuzadas y remover.

Cortar el pescado en cuatro trozos del mismo tamaño, ponerlos en la cacerola, metiéndolos entre el arroz. Esparcir por encima los tomates aliñados. Tapar de nuevo y dejar hervir 10 minutos, o hasta que el arroz esté cocido. Destapar la cacerola y alargar la cocción 2 minutos más hasta que el líquido se haya evaporado. Disponer el resto de la olivada encima del pescado junto con las hojas de albahaca restantes, rociar con un poco de aceite de oliva virgen extra y servir.

CALORÍAS	GRASAS	GRASAS SATURADAS	PROTEÍNAS	CARBOHIDRATOS	AZÚCAR	SAL	FIBRA
484 kcal	12 g	1,7 g	31,2 g	66,7 g	3,8 g	1,2 g	2,7 g

LUBINA CRUJIENTE A LA TAILANDESA

PARA 2 PERSONAS | 19 MINUTOS EN TOTAL

4 cebolletas

½ manojo de cilantro fresco (15 g)

2 lubinas de 300 g cada una, limpias, sin escamas ni tripas

2 cucharadas de pasta de curri rojo tailandés

1 lima

Limpiar y partir por la mitad las cebolletas, cortarlas en juliana a lo largo y ponerlas en un bol con agua helada para que queden crujientes. Deshojar el cilantro, poner las hojas en el bol y reservar los tallos.

Poner una sartén grande antiadherente a fuego medio-fuerte. Con un cuchillo afilado, hacer unos cortes en la piel de las lubinas a intervalos de 2 cm, untarlas con la pasta de curri, por dentro y por fuera, procurando que la pasta penetre bien en todos los rincones y recovecos. Introducir los tallos de cilantro dentro de las lubinas, sazonarlas con sal marina y pimienta negra, y ponerlas en la sartén caliente con 1 cucharada de aceite de oliva. Cocerlas durante 3 o 4 minutos por cada lado, o hasta que estén doradas y bien hechas (dependerá del grosor del pescado).

Escurrir y secar las cebolletas y las hojas de cilantro, ponerlas en los platos. Disponer encima las lubinas y regarlas con el aceite picante de la sartén. Rallar finamente la cáscara de lima, espolvorear con ella el pescado y servirlo con trozos de lima para exprimir por encima.

CALORÍAS	GRASAS	GRASAS SATURADAS	PROTEÍNAS	CARBOHIDRATOS	AZÚCAR	SAL	FIBRA
410 kcal	28,1 g	4,8 g	37,4 g	2,1 g	1,2 g	1,5 g	0,2 g

SOPA PICANTE DE GAMBAS

PARA 4 PERSONAS | 20 MINUTOS EN TOTAL

250 g de gambas pequeñas cocidas, peladas y congeladas

150 g de arroz basmati

8 cebolletas

2 cucharadas colmadas de pasta de curri korma

400 ml de leche de coco ligera

Poner las gambas en un bol con agua fría para que se descongelen. Mientras, tostar el arroz durante 3 minutos en una cacerola grande poco profunda sin aceite, a fuego fuerte, removiendo a menudo. Limpiar y cortar en rodajas finas las cebolletas. Añadir a la cacerola 1 cucharada de aceite de oliva, las cebolletas y la pasta de curri. Rehogarlo todo 2 minutos, incorporar la leche de coco y 1 litro de agua, tomando como medida la lata de la leche de coco. Dejar hervir durante 12 minutos, removiendo de vez en cuando.

Cuando falten 6 minutos de cocción, escurrir las gambas, picarlas pequeñas y añadirlas a la sopa. Cuando el arroz esté cocido y la sopa tenga la consistencia deseada, probarla, sazonarla al gusto con sal marina y pimienta negra y servirla.

CALORÍAS	GRASAS	GRASAS SATURADAS	PROTEÍNAS	CARBOHIDRATOS	AZÚCAR	SAL	FIBRA
321 kcal	13,1 g	6 g	16,1 g	36,2 g	3,9 g	1,2 g	2 g

HORTALIZAS

PATATAS Y ALCACHOFAS AL HORNO

PARA 6 PERSONAS | PREPARACIÓN RÁPIDA 9 MINUTOS |
COCCIÓN LENTA I HORA 20 MINUTOS

800 g de patatas nuevas pequeñas

2 hinojos grandes

280 g de corazones de alcachofa en aceite

50 g de parmesano

100 ml de nata para montar

Precalentar el horno a 200°C. Cortar por la mitad las patatas más grandes. Limpiar el hinojo, reservar la parte superior con las hojas, cortar los tallos en rodajas finas y el bulbo por la mitad y luego en trozos de 1 cm. Ponerlo todo, menos las hojas, en una fuente de horno de 30 cm x 35 cm, añadir las alcachofas partidas por la mitad con 2 cucharadas de su aceite y una buena pizca de pimienta negra, mezclarlo bien todo. Verter encima 300 ml de agua, tapar la fuente con papel de aluminio y hornear las hortalizas durante 1 hora.

En un bol, rallar finamente la mitad del parmesano, añadir la nata y un chorrito de agua. Pasado el tiempo de horneado, sacar la fuente y retirar el papel de aluminio, verter en la fuente la mezcla de nata y rallar encima el resto del parmesano. Hornear de nuevo otros 20 minutos, o hasta que todo esté dorado y cocido, esparcir por encima las hojitas de hinojo reservadas y servir.

CALORÍAS	GRASAS	GRASAS SATURADAS	PROTEÍNAS	CARBOHIDRATOS	AZÚCAR	SAL	FIBRA
258 kcal	14,6 g	7,6 g	7,3 g	24,7 g	4,1 g	1,3 g	6,3 g

COLES DE BRUSELAS CON AJO

PARA 2 PERSONAS | 16 MINUTOS EN TOTAL

300 g de coles de Bruselas

2 dientes de ajo

30 g de pistachos sin sal y sin cáscara

1 granada

2 cucharadas colmadas de requesón

Limpiar las coles retirando las hojas exteriores y cortarlas por la mitad. Colocarlas con el corte hacia abajo, en una sola capa, en una sartén grande antiadherente sin aceite, a fuego fuerte, y dorarlas 5 minutos. Mientras, pelar los ajos y laminarlos. Machacar los pistachos en un mortero. Partir la granada por la mitad, exprimir el zumo de una mitad en un bol pasándolo por un colador. Sosteniendo con la mano la otra mitad de la granada bocabajo, golpearla con una cuchara para que caigan todas las semillas. Mezclar el ajo y las coles con 1 cucharada de aceite de oliva y un par de chorritos de agua, rehogarlo todo durante 1 minuto más.

Repartir el requesón entre los platos, disponer encima las coles, esparcir las semillas de granada y los pistachos. Rociarlo todo con el zumo de granada y 1 cucharada de aceite de oliva virgen extra, sazonarlo con una pizca de sal marina y pimienta negra y servirlo. ¡Delicioso!

CALORÍAS	GRASAS	GRASAS SATURADAS	PROTEÍNAS	CARBOHIDRATOS	AZÚCAR	SAL	FIBRA
327 kcal	25,2 g	4,8 g	12,8 g	13 g	9,4 g	0,7 g	1,1 g

COLIFLOR ASADA CON ESPECIAS

PARA 2-4 PERSONAS | PREPARACIÓN RÁPIDA 9 MINUTOS |
COCCIÓN LENTA 1 HORA 25 MINUTOS

1 coliflor pequeña (600 g)

2 cucharaditas colmadas de harissa

2 cucharadas colmadas de yogur natural

1 granada

1 cucharada de dukkah

Precalentar el horno a 180 °C. Desechar las hojas exteriores duras de la coliflor, luego, manteniéndola entera, con un cuchillo afilado, cortar una cruz profunda en el tallo para que después pueda partirse en porciones más fácilmente. En un bol, mezclar la harissa, el yogur, ½ cucharada de vinagre de vino tinto y un poco de sal marina y pimienta negra, untar toda la coliflor con esta mezcla. Ponerla en una sartén que pueda ir al horno o en una fuente. Partir la granada y exprimir el zumo de una mitad, pasándolo por un colador, encima de la coliflor. Verter 100 ml de agua en la base de la fuente y hornear la coliflor durante 1 hora 15 minutos.

Pasado este tiempo, rociar la coliflor con los jugos de la sartén y hornearla de nuevo 10 minutos. Retirar la sartén del horno, regar de nuevo la coliflor con los jugos y espolvorearla con el dukkah rápidamente para que se quede adherido. Sosteniendo con la mano la otra mitad de la granada bocabajo, golpearla con una cuchara para que todas las semillas caigan encima de la coliflor. Cortarla por la mitad o en cuartos y servirla.

CALORÍAS	GRASAS	GRASAS SATURADAS	PROTEÍNAS	CARBOHIDRATOS	AZÚCAR	SAL	FIBRA
181 kcal	6,8 g	1,9 g	13,7 g	16,1 g	13,7 g	0,6 g	6,8 g

CURRI RÁPIDO DE ESPINACAS

PARA 2 PERSONAS | 16 MINUTOS EN TOTAL

20 g de anacardos sin sal

1 cebolla

2 cucharaditas de pasta de curri rogan josh

100 g de queso paneer

200 g de espinacas tiernas

Calentar una sartén grande antiadherente a fuego medio-fuerte y tostar los anacardos, sacudiendo la sartén de vez en cuando, hasta que se doren. Ponerlos en un mortero y dejar la sartén en el fuego.

Pelar la cebolla, cortarla bien fina y ponerla en la sartén caliente con 1 cucharada de aceite de oliva y la pasta de curri. Rehogarla durante 8 minutos, removiendo, y agregar 1 cucharada de vinagre de vino tinto. Dejar que se evapore el vinagre durante 30 segundos, añadir el queso cortado en dados y las espinacas. Remover hasta que las espinacas se ablanden y el líquido se evapore, probar, sazonar al gusto con sal marina y pimienta negra. Machacar los anacardos y esparcirlos por encima antes de servir. ¡Qué rico!

CALORÍAS	GRASAS	GRASAS SATURADAS	PROTEÍNAS	CARBOHIDRATOS	AZÚCAR	SAL	FIBRA
363 kcal	26,7 g	9,9 g	18,8 g	11,7 g	8,1 g	0,7 g	5,1 g

ESPÁRRAGOS Y HUEVOS CON ADEREZO FRANCÉS

PARA 2 PERSONAS | SOLO 15 MINUTOS EN TOTAL

½ cebolla roja pequeña

4 huevos grandes

350 g de espárragos

½ manojo de estragón fresco (15 g)

2 cucharaditas colmadas de mostaza de Dijon

Pelar la cebolla y picarla finamente, ponerla en un bol, cubrirla con 4 cucharadas de vinagre de vino tinto y añadir una buena pizca de sal marina. Sumergir los huevos en una cacerola con agua hirviendo y cocerlos exactamente 5½ minutos. Alinear los espárragos, cortarles el extremo leñoso, ponerlos en un colador encima de los huevos, taparlos y cocerlos al vapor mientras se cuecen los huevos. Mientras tanto, deshojar el estragón.

En un bol, batir la mostaza con 6 cucharadas de aceite de oliva virgen extra, añadiéndolo poco a poco, luego agregar el vinagre del remojo de la cebolla pasándolo por un colador, batiendo continuamente. Probar y sazonar al gusto con pimienta negra.

Pasado el tiempo de cocción de los huevos, repartir los espárragos entre los platos. Refrescar los huevos con agua fría hasta que se puedan manipular, pelarlos, cortarlos por la mitad y disponerlos en los platos. Esparcir las hojas de estragón y la cebolla alrededor. Rociar los platos con 1 cucharada de aderezo (reservar el sobrante para otro día), sazonarlos con una pizca de pimienta, y ¡al ataque!

CALORÍAS	GRASAS	GRASAS SATURADAS	PROTEÍNAS	CARBOHIDRATOS	AZÚCAR	SAL	FIBRA
302 kcal	22,7 g	4,8 g	19,7 g	6 g	4,9 g	0,9 g	3,5 g

CHAMPIÑONES AL HORNO CON AJO

PARA 2 PERSONAS | 30 MINUTOS EN TOTAL

4 dientes de ajo

½ manojo de salvia fresca (15 g)

350 g de tomates cherry maduros de distintos colores

4 champiñones portobello grandes

40 g de queso cheddar

Precalentar el horno a 200 °C. Pelar los ajos y laminarlos. Deshojar la salvia. Cortar los tomates cherry por la mitad. Pelar los champiñones, reservando la piel. Poner todo (incluso la piel de los champiñones) en una fuente de horno de 25 cm x 30 cm y rociarlo con 1 cucharada de aceite de oliva y otra de vinagre de vino tinto. Añadir una pizca de sal marina y pimienta negra y mezclar todo. Reservar 12 láminas de ajo y 12 hojas de salvia para luego. Recolocar los champiñones con el tallo hacia arriba encima de los tomates. Hornear durante 10 minutos.

Retirar la fuente del horno, desmenuzar el queso dentro de los champiñones y esparcir por encima el ajo y la salvia reservados. Hornear de nuevo 15 minutos más, o hasta que el queso se derrita y todo esté dorado, y servir.

CALORÍAS	GRASAS	GRASAS SATURADAS	PROTEÍNAS	CARBOHIDRATOS	AZÚCAR	SAL	FIBRA
211 kcal	15,2 g	5,8 g	10,1 g	8,9 g	5,9 g	0,9 g	3,4 g

ÑOQUIS FÁCILES

PARA 2 PERSONAS | 30 MINUTOS EN TOTAL

400 g de patatas harinosas

350 g de espárragos

50 g de harina

½ manojo de tomillo fresco (15 g)

50 g de parmesano

Lavar las patatas, cortarlas en trozos de 3 cm y cocerlas en una cacerola grande con agua salada hirviendo durante 12 minutos, o hasta que estén tiernas. Mientras, alinear los espárragos, cortar y desechar el extremo leñoso, cortar los tallos en trozos de 1 cm y dejar las yemas enteras.

Escurrir las patatas y dejarlas secar 2 minutos, devolverlas a la cacerola y machacarlas. Probarlas, sazonarlas al gusto con sal marina y pimienta negra y ponerlas en una superficie de trabajo limpia. Llenar la cacerola con agua hirviendo y ponerla a fuego fuerte. Mezclar la harina con el puré de patatas con las manos, dividir la masa en 24 trozos. Comprimir cada trozo con la palma de la mano para formar los ñoquis, echarlos en el agua hirviendo y cocerlos 1 minuto.

Mientras, poner los espárragos en una sartén grande antiadherente a fuego medio-suave con 1 cucharada de aceite de oliva, removiendo de vez en cuando. Añadir casi todas las hojas de tomillo, sacar los ñoquis con una espumadera y agregarlos a la sartén. Rallar por encima casi todo el parmesano y mezclar bien, añadiendo 100 ml del agua de cocción de los ñoquis para emulsionar la salsa. Probar, sazonar al gusto, y servir. Terminar con el resto del parmesano rallado, el tomillo restante y un poco de aceite de oliva virgen extra.

CALORÍAS	GRASAS	GRASAS SATURADAS	PROTEÍNAS	CARBOHIDRATOS	AZÚCAR	SAL	FIBRA
434 kcal	16 g	6 g	21,3 g	54,5 g	6 g	0,5 g	6,4 g

FANTÁSTICAS REMOLACHAS ALIÑADAS

PARA 4 PERSONAS | 27 MINUTOS EN TOTAL

600 g de remolachas pequeñas de distintos colores, preferiblemente con hojas

4 clementinas

½ manojo de estragón fresco (15 g)

100 g de queso de cabra que se pueda desmenuzar

40 g de nueces peladas, sin sal

Reservar todas las hojas pequeñas y tiernas de las remolachas, cortar por la mitad las remolachas más grandes y cocerlas todas en una cacerola tapada, con agua salada hirviendo, de 15 a 20 minutos, o hasta que estén tiernas. Mientras, exprimir el zumo de 1 clementina en un bol grande, mezclarlo con 1 cucharada de aceite de oliva virgen extra y un buen chorro de vinagre de vino tinto. Pelar las otras 3 clementinas, cortarlas en rodajas finas y disponerlas en los platos.

Escurrir las remolachas, refrescarlas con agua fría hasta que estén lo suficientemente frías para pelarlas. Cortar unas cuantas por la mitad o en rodajas, y mezclarlas con el aliño. Probarlas, sazonarlas al gusto con sal marina y pimienta negra, agregar el estragón deshojado y las hojas de remolacha reservadas. Removerlo todo, repartirlo entre los platos, desmenuzar por encima el queso de cabra y las nueces y rociarlo con aceite de oliva virgen extra.

CALORÍAS	GRASAS	GRASAS SATURADAS	PROTEÍNAS	CARBOHIDRATOS	AZÚCAR	SAL	FIBRA
263 kcal	18,1 g	5,9 g	9,8 g	16,1 g	14,9 g	0,6 g	3,7 g

SOPA DE PAPPA AL POMODORO

PARA 4 PERSONAS | 21 MINUTOS EN TOTAL

4 dientes de ajo

1 manojo de albahaca fresca (30 g)

800 g de tomates de pera en conserva

270 g de pan de chapata duro

40 g de parmesano

Pelar los ajos y laminarlos, rehogarlos en una cacerola grande a fuego medio con 1 cucharada de aceite de oliva, removiendo a menudo. Reservar las hojitas más pequeñas de albahaca en un bol con agua fría, poner el resto de las hojas en la cacerola. Antes de que los ajos se doren, verter los tomates junto con dos botes de agua (tomando como medida el bote de los tomates) y sazonar con sal marina y pimienta negra. Llevar la sopa a ebullición, aplastando los tomates.

Desmenuzar el pan, ponerlo en la cacerola, remover y dejar cocer la sopa a fuego lento suavemente unos 5 minutos, o hasta que se haya espesado. Rallar por encima el parmesano, probar y sazonar al gusto. Servir la sopa en boles, esparcir por encima las hojitas de albahaca reservadas y rociar cada bol con 1 cucharada de un buen aceite de oliva virgen extra. Manjar de dioses.

CALORÍAS	GRASAS	GRASAS SATURADAS	PROTEÍNAS	CARBOHIDRATOS	AZÚCAR	SAL	FIBRA
357 kcal	15,5 g	3,7 g	13,3 g	44 g	9,9 g	1,3 g	3,8 g

BONIATOS CAJÚN

PARA 4 PERSONAS | PREPARACIÓN RÁPIDA 9 MINUTOS | COCCIÓN LENTA 1 HORA

4 boniatos (250 g cada uno)

1 cabeza de ajos

1 cucharadita colmada de mezcla de especias cajún

200 ml de yogur griego

4 cebolletas

Precalentar el horno a 180°C. Limpiar los boniatos y cortarlos en rodajas de 3 cm. Disponerlos en una fuente de horno de 25 cm x 30 cm, con la cabeza de ajos entera sin pelar, y sazonarlos con 1 cucharada de vinagre de vino tinto y otra de aceite de oliva, una pizca de sal marina y pimienta negra, y la mezcla de especias cajún. Colocar las rodajas en una capa y asarlas durante 1 hora, o hasta que estén blandas y caramelizadas.

Retirar la fuente del horno, exprimir la pulpa cremosa de la cabeza de ajos asada, mezclarla con el yogur, probar y sazonar al gusto. Limpiar las cebolletas y cortarlas finamente en rodajas. Con una cuchara, poner el yogur en la base del plato o fuente, apilar los boniatos encima, rociarlos con ½ cucharada de aceite de oliva virgen extra, esparcir las cebolletas y servir.

CALORÍAS	GRASAS	GRASAS SATURADAS	PROTEÍNAS	CARBOHIDRATOS	AZÚCAR	SAL	FIBRA
346 kcal	10,6 g	4 g	6,6 g	59,7 g	18,6 g	1,1 g	0,1 g

GUISANTES Y HABAS
CON GUINDILLA Y MENTA

PARA 2-4 PERSONAS | SOLO 10 MINUTOS EN TOTAL

½ manojo de menta fresca (15 g)

200 g de habas frescas o congeladas desgranadas

200 g de guisantes frescos o congelados desgranados

1 guindilla roja fresca

1 limón

Deshojar la menta y reservarla. Poner los tallos en una cacerola con agua salada hirviendo, añadir las habas y los guisantes y cocerlos 4 minutos. Mientras, cortar la guindilla por la mitad, retirar las semillas y picarla finamente junto con las hojas de menta. Ponerlo en un bol, rallar por encima un poco de cáscara de limón, exprimir el zumo y agregarlo. Añadir 2 cucharadas de aceite de oliva virgen extra, mezclar, probar, sazonar al gusto con sal marina y pimienta negra.

Escurrir las habas y los guisantes, reservando una taza del agua de cocción y desechando los tallos de menta. Retirar la piel de las habas más grandes, poner los guisantes y las habas en una fuente, mezclarlos con un chorrito del agua de cocción reservada y rociarlos con el aderezo. Aliñar con 1 cucharada más de aceite de oliva virgen extra y mezclar todo al llevarlo a la mesa, antes de servir.

CALORÍAS	GRASAS	GRASAS SATURADAS	PROTEÍNAS	CARBOHIDRATOS	AZÚCAR	SAL	FIBRA
209 kcal	20,4 g	3,2 g	13,1 g	19,5 g	4,2 g	0,5 g	11,7 g

BERENJENA TERIYAKI

PARA 2 PERSONAS   20 MINUTOS EN TOTAL

1 berenjena grande (400 g)

4 cebolletas

1 guindilla fresca roja o amarilla

20 g de cacahuetes sin sal

2 cucharadas de salsa teriyaki

Poner una sartén antiadherente de 26 cm a fuego fuerte y verter 250 ml de agua. Cortar la berenjena por la mitad a lo largo, hacer unos cortes en la piel en ambas mitades, ponerla en la sartén con la piel hacia arriba y sazonarla con sal marina y pimienta negra. Tapar y rehogarla 10 minutos, o hasta que se cueza y empiece a chisporrotear (se oirá cómo cambia el sonido). Mientras, limpiar las cebolletas. Cortar la parte blanca al bies en trozos de 3 cm y reservarlos. Retirar las semillas de la guindilla y cortarla finamente a lo largo junto con la parte verde de las cebolletas. Ponerlas en un bol con agua helada y reservarlas para que queden crujientes.

Cuando la berenjena empiece a chisporrotear, añadir a la sartén 1 cucharada de aceite de oliva, la parte blanca de las cebolletas y los cacahuetes, removiendo a menudo. Al cabo de 2 minutos, verter un chorrito de agua y la salsa teriyaki, y seguir la cocción a fuego medio. Dar la vuelta a la berenjena y dejar que se caramelice unos minutos, moviendo la sartén. Servir la berenjena y esparcir por encima la parte verde de las cebolletas y la guindilla escurridas.

CALORÍAS	GRASAS	GRASAS SATURADAS	PROTEÍNAS	CARBOHIDRATOS	AZÚCAR	SAL	FIBRA
181 kcal	12 g	2 g	5,2 g	13,3 g	11,1 g	1,4 g	0 g

TERNERA

ENTRECOT CON ALUBIAS Y SETAS

PARA 4 PERSONAS | 26 MINUTOS EN TOTAL

600 g de entrecot en un trozo (preferiblemente de 5 cm de grosor), sin grasa

4 ramitas de romero fresco

4 dientes de ajo

350 g de setas variadas

660 g de alubias blancas en conserva

Poner una sartén grande antiadherente a fuego medio-fuerte. Sazonar la carne con una pizca de sal marina y pimienta negra y marcarla por ambos lados, 10 minutos en total, hasta que esté dorada por fuera pero poco hecha en el interior, o hasta el punto de cocción deseado, girándola con unas pinzas.

Mientras, deshojar el romero, pelar el ajo y laminarlo, cortar las setas más grandes. Cuando la carne esté hecha, reservarla en un plato, tapada con papel de aluminio. Reducir el fuego de la sartén, saltear las hojas de romero durante 30 segundos, añadir el ajo y las setas y rehogarlas durante 8 minutos, o hasta que estén doradas, removiendo a menudo. Verter las alubias con su jugo, añadir 1 cucharada de vinagre de vino tinto y cocerlo todo a fuego lento 5 minutos. Sazonarlo al gusto. Colocar el entrecot encima, virtiendo todos los jugos que haya soltado. Cortarlo y llevarlo a la mesa; acabar el plato con un poco de aceite de oliva virgen extra, si se desea.

CALORÍAS	GRASAS	GRASAS SATURADAS	PROTEÍNAS	CARBOHIDRATOS	AZÚCAR	SAL	FIBRA
501 kcal	30,8 g	13,6 g	37,3 g	19,7 g	1,8 g	0,7 g	6,3 g

SOLOMILLO DE TERNERA CON JENGIBRE

PARA 2 PERSONAS | 16 MINUTOS EN TOTAL

300 g de solomillo de ternera (preferiblemente de 1,5 cm de grosor)

1 trozo de jengibre de 4 cm

1 cucharada de pasta de miso

2 cucharaditas de miel líquida

2 pak choi (250 g)

Retirar la grasa del solomillo, cortarla en trocitos y ponerla en una sartén antiadherente fría. Freírla a fuego medio-fuerte hasta que esté crujiente. Mientras, pelar el jengibre y cortarlo en bastoncitos, añadirlo a la grasa y sofreírlo hasta que esté crujiente. Retirar los nervios de la carne, cortarla en dados de 3 cm y mezclarla con el miso de modo que quede bien cubierta. Retirar y reservar la grasa y el jengibre crujientes, añadir a la sartén los trozos de carne. Rehogarlos 4 minutos, removiendo a menudo, agregar la miel y 1 cucharada de vinagre de vino tinto. Remover durante 1 minuto más hasta que la carne esté brillante y caramelizada.

Mientras, cortar por la mitad los pak choi, cocerlos en una cacerola con agua hirviendo solo 1 minuto para que queden crujientes, escurrirlos y disponerlos en una fuente. Repartir por encima la carne y todos los jugos de la sartén, y acabar con la grasa y el jengibre crujientes.

CALORÍAS	GRASAS	GRASAS SATURADAS	PROTEÍNAS	CARBOHIDRATOS	AZÚCAR	SAL	FIBRA
373 kcal	19,8 g	8,4 g	35,7 g	13,4 g	9,9 g	1,1 g	2,9 g

SOLOMILLO DE TERNERA
CON BERENJENAS

PARA 2 PERSONAS | TOTAL 30 MINUTOS

2 berenjenas grandes (800 g en total)

300 g de solomillo de ternera (de 1,5 cm de grosor)

2 dientes de ajo

300 g de tomates cherry maduros de distintos colores

½ manojo de albahaca fresca (15 g)

Pinchar las berenjenas, cocerlas en el microondas a máxima potencia en un bol tapado durante 10 minutos, o hasta que estén blandas. Mientras, retirar la grasa del solomillo y ponerla en una sartén antiadherente fría. Sofreírla a fuego medio-fuerte para que se derrita, removiéndola para cubrir la sartén con la grasa que suelta. Retirar los nervios de la carne, sazonarla con una pizca de sal marina y pimienta negra. Pelar y laminar los ajos, y cortar los tomates por la mitad.

Marcar la carne en la sartén caliente 2 minutos por cada lado si se desea al punto, o hasta que tenga la cocción deseada y dejarla reposar en un plato, desechando la grasa. Añadir los ajos a la sartén. Cortar y retirar los tallos de las berenjenas, picar la pulpa y agregarla a la sartén con los jugos que haya soltado, incorporar los tomates y rehogarlos 2 minutos. Trocear casi todas las hojas de albahaca por encima, añadir 1 cucharada de vinagre de vino tinto, probar, sazonar al gusto y emplatar.

Cortar la carne, disponerla encima, esparcir la albahaca restante y rociar con 1 cucharadita de aceite de oliva virgen extra y los jugos de la carne.

CALORÍAS	GRASAS	GRASAS SATURADAS	PROTEÍNAS	CARBOHIDRATOS	AZÚCAR	SAL	FIBRA
386 kcal	22,1 g	9 g	36,5 g	11 g	9,5 g	0,8 g	1,9 g

TERNERA A LA ITALIANA

PARA 2 PERSONAS | SOLO 10 MINUTOS EN TOTAL

1 cucharada de piñones

250 g de filete de la cadera

2 cucharaditas colmadas de pesto verde

40 g de rúcula

15 g de parmesano

Poner una sartén grande antiadherente a fuego fuerte, tostar los piñones mientras se va calentando, remover a menudo y retirarlos cuando estén dorados. Recortar la grasa de la carne, picarla bien pequeña y tostarla en la sartén. Quitar los nervios de la carne, sazonarla con sal marina y pimienta negra. Ponerla entre dos papeles de horno y golpearla con un rodillo para ablandarla y aplanarla hasta que tenga 1 cm de grosor. Reservar la grasa crujiente, poner la carne en la sartén caliente y marcarla 1 minuto por cada lado, hasta que se dore por fuera pero quede jugosa por dentro. Dejarla reposar sobre una tabla.

Extender el pesto en una fuente. Cortar la carne en lonchas finas al bies y colocarlas encima. Poner un montoncito de rúcula sobre la carne y esparcir por la fuente los piñones y los trocitos de grasa crujientes reservados, si se desea. Mezclar el jugo que haya soltado la carne con 1 cucharada de aceite de oliva virgen extra y rociarlo por encima. Cortar el parmesano en virutas y añadirlo a la fuente antes de servir.

CALORÍAS	GRASAS	GRASAS SATURADAS	PROTEÍNAS	CARBOHIDRATOS	AZÚCAR	SAL	FIBRA
321 kcal	21,1 g	5,3 g	32,2 g	0,7 g	0,5 g	1 g	0,3 g

PANECILLOS CON ALBÓNDIGAS

PARA 4 PERSONAS   21 MINUTOS EN TOTAL

400 g de carne magra de ternera picada

8 cucharaditas colmadas de pesto verde

400 g de tomates de pera en conserva

125 g de mozzarella

4 panecillos de hamburguesa

Con las manos limpias, mezclar la carne picada con la mitad del pesto y una pizca de sal marina y pimienta negra. Dividirla en 12 partes y, con las manos humedecidas, dar forma a las albóndigas. Dorarlas por todas partes en una sartén antiadherente a fuego fuerte con 1 cucharada de aceite de oliva, moviendo la sartén a menudo.

Cuando las albóndigas estén doradas, verter los tomates en la sartén, aplastándolos con una cuchara de madera, junto con unos 100 ml de agua (usar como medida un cuarto del bote). Llevar el tomate a ebullición, cortar la mozzarella en rodajas y ponerlas encima de las albóndigas, tapar la sartén y dejar que la salsa se espese 5 minutos a fuego medio. Mientras, calentar los panecillos en una sartén grande antiadherente sin aceite o en el horno a temperatura suave.

Cortar los panecillos y extender 1 cucharadita colmada de pesto en el interior de cada uno. Rellenarlos con las albóndigas con mozzarella y un poco de salsa, y servir el resto de la salsa a un lado para mojar.

CALORÍAS	GRASAS	GRASAS SATURADAS	PROTEÍNAS	CARBOHIDRATOS	AZÚCAR	SAL	FIBRA
495 kcal	24 g	8,5 g	35,5 g	35,5 g	5,8 g	2 g	2,4 g

SÁNDWICH DE TERNERA

PARA 2 PERSONAS | SOLO 14 MINUTOS EN TOTAL

250 g de solomillo de ternera (preferiblemente de 1,5 cm de grosor)

1 cebolla grande

2 cucharaditas de mostaza americana

4 rebanadas de buen pan (50 g cada una)

50 g de queso provolone o fontina

Retirar la grasa del solomillo, cortarla en trozos pequeños y ponerla en una sartén grande antiadherente fría. Sofreírla a fuego medio-fuerte para que se funda, removiéndola para cubrir la sartén con la grasa que suelta. Mientras, pelar la cebolla y cortarla en rodajas de 1 cm. Añadirla a la sartén y rehogarla 10 minutos, dándole la vuelta a media cocción. Entre tanto, retirar los nervios de la carne, ponerla entre dos papeles de horno y golpearla con el puño hasta que tenga 1 cm de grosor. Sazonarla con una pizca de sal marina y pimienta negra, untarla con la mostaza y cortarla en dos trozos.

Añadir un buen chorro de vinagre de vino tinto a la cebolla y removerla durante 1 minuto en el fuego. Repartirla entre dos rebanadas de pan y dejar la sartén en el fuego. Marcar la carne en la sartén caliente solo 40 segundos por cada lado, cortar el queso y ponerlo encima, tapar la sartén, apagar el fuego y esperar 40 segundos más para que el queso se derrita. Disponer la carne encima de la cebolla, taparla con la otra rebanada de pan, rociar el pan con un poco de aceite de oliva virgen extra, y ¡al ataque!

CALORÍAS	GRASAS	GRASAS SATURADAS	PROTEÍNAS	CARBOHIDRATOS	AZÚCAR	SAL	FIBRA
635 kcal	25,5 g	12,6 g	42,3 g	59,4 g	8,5 g	2,9 g	3,4 g

TERNERA A LA CAZUELA

PARA 4 PERSONAS · PREPARACIÓN RÁPIDA 9 MINUTOS · COCCIÓN LENTA 2 HORAS

4 pimientos de distintos colores

1 cucharadita colmada de pimienta de Jamaica

600 g de carne magra de ternera para estofar

10 hojas de laurel fresco

8 dientes de ajo

Precalentar el horno a 160°C. Poner una cazuela grande y poco honda a fuego fuerte. Retirar las semillas de los pimientos y cortarlos en tiras, ponerlos en la cazuela con 1 cucharada de aceite de oliva, una pizca de sal marina y pimienta negra y la pimienta de Jamaica. Cortar la carne en dados del mismo tamaño y añadirla a la cazuela con el laurel. Machacar los ajos con piel con un prensador de ajos y sofreírlos 2 minutos, removiendo a menudo.

Añadir a la cazuela 2 cucharadas de vinagre de vino tinto y 500 ml de agua. Taparla y ponerla en el horno 2 horas, o hasta que todo esté bien dorado y caramelizado. Desleír la salsa con un chorrito de agua, si fuera necesario, mezclar, probar, sazonar al gusto y servir.

CALORÍAS	GRASAS	GRASAS SATURADAS	PROTEÍNAS	CARBOHIDRATOS	AZÚCAR	SAL	FIBRA
264 kcal	9,2 g	2,8 g	36,2 g	9,8 g	6,8 g	0,8 g	3,6 g

CARPACCIO DE TERNERA CON DUKKAH

PARA 4-8 PERSONAS | SOLO 12 MINUTOS EN TOTAL

500 g de filete en una pieza

300 g de rábanos, preferiblemente con hojas

1 granada

2 limones encurtidos (20 g cada uno)

1 cucharada colmada de dukkah

Untar la carne por todas partes con ½ cucharada de aceite de oliva, una pizca de sal marina y pimienta negra. Poner una sartén antiadherente a fuego fuerte, cuando esté bien caliente, marcar la carne por todos lados 3 minutos en total. Dejarla reposar sobre una tabla.

Cortar los rábanos en rodajas finas, reservando las hojas tiernas. Partir la granada. Sosteniendo una mitad con la mano bocabajo, golpearla con una cuchara para que todas las semillas caigan en un bol. Exprimir el zumo de la otra mitad en otro bol pasándolo por un colador. Cortar los limones encurtidos en cuartos y retirar las semillas. Picar finamente la cáscara y añadirla al zumo de granada con 1 cucharada de aceite de oliva virgen extra y otra de vinagre de vino tinto, probar y sazonar al gusto.

Cortar la carne lo más fina posible, luego aplanar y estirar cada loncha con la hoja del cuchillo. Repartir las lonchas entre los platos, esparcir por encima los rábanos y sus hojas y aderezarlo todo con el aliño. Espolvorear el dukkah y las semillas de granada y acabar con un chorrito de aceite de oliva virgen extra.

CALORÍAS	GRASAS	GRASAS SATURADAS	PROTEÍNAS	CARBOHIDRATOS	AZÚCAR	SAL	FIBRA
265 kcal	15,2 g	5,6 g	27,3 g	4,3 g	3,6 g	1,1 g	0,8 g

CAZUELA DE TERNERA CON MOSTAZA

PARA 6 PERSONAS   PREPARACIÓN RÁPIDA 8 MINUTOS
COCCIÓN LENTA 4 HORAS

900 g de jarrete de ternera sin hueso (pedir el hueso al carnicero)

500 g de zanahorias

2 cebollas

120 ml de salsa Worcestershire

2 cucharaditas colmadas de mostaza a la antigua

Precalentar el horno a 160 °C. Poner una cazuela grande y poco honda a fuego fuerte, y una sartén grande antiadherente también a fuego fuerte al lado. Cortar la ternera en dados de 5 cm y sazonarla con abundante pimienta negra y una pizca de sal marina, marcarla en la sartén caliente sin aceite junto con el hueso durante 8 minutos.

Mientras, limpiar las zanahorias, cortarlas en trozos de 5 cm, ponerlas en la cazuela con 1 cucharada de aceite de oliva. Pelar las cebollas, cortarlas en cuartos y separarlas en pétalos directamente en la cazuela, rehogarlas removiendo a menudo. Cuando la carne esté dorada, añadirla a la cazuela, agregar la salsa Worcestershire y la mostaza y cubrirlo todo con 800 ml de agua hirviendo.

Tapar la cazuela y cocer la ternera en el horno durante 4 horas, o hasta que esté muy tierna. Diluir la salsa con un chorrito de agua, si fuera necesario. Probar, sazonar al gusto y servir.

CALORÍAS	GRASAS	GRASAS SATURADAS	PROTEÍNAS	CARBOHIDRATOS	AZÚCAR	SAL	FIBRA
348 kcal	18 g	6,4 g	34 g	13,4 g	11,8 g	1,5 g	1,6 g

HÍGADO CON BEICON Y CEBOLLAS

PARA I PERSONA | SOLO I5 MINUTOS EN TOTAL

½ cebolla roja

2 ramitas de salvia fresca

I rebanada de pan de masa madre (50 g)

I loncha de beicon

I25 g de hígado de ternera

Pelar la cebolla y cortarla en rodajas finas. Ponerla en una sartén grande antiadherente a fuego medio-fuerte con I cucharadita de aceite de oliva. Deshojar la salvia, reservar 2 hojas enteras, picar el resto de hojas bien pequeñas y añadirlas a la sartén. Dejar cocer la cebolla 5 minutos, removiendo a menudo.

Cuando esté dorada, apartar la cebolla a un lado de la sartén, añadir el pan y el beicon. Cuando empiecen a tostarse darles la vuelta. Rociar la cebolla con un poco de vinagre de vino tinto, cogerla con unas pinzas y disponerla encima del pan, para que no se pegue. Cuando el beicon esté dorado, ponerlo por encima de la cebolla.

Sazonar el hígado, añadirlo a la sartén y marcarlo solo I minuto por cada lado, para que se dore por fuera pero quede rosado por dentro. Agregar las 2 hojas de salvia reservadas con I cucharadita de aceite de oliva, dejarlas hasta que queden crujientes y servir.

CALORÍAS	GRASAS	GRASAS SATURADAS	PROTEÍNAS	CARBOHIDRATOS	AZÚCAR	SAL	FIBRA
362 kcal	I3,I g	3 g	29 g	32,2 g	5,9 g	I,I g	2,5 g

CURRI DE TERNERA CON COLIFLOR

PARA 4 PERSONAS | 24 MINUTOS EN TOTAL

500 g de carne magra de ternera picada

1 coliflor (800 g)

1 cucharadita colmada de curri rendang en polvo

1 manojo de menta fresca (30 g)

400 ml de leche de coco ligera

Poner la carne picada de ternera en una cazuela grande y poco honda con 1 cucharada de aceite de oliva, desmenuzarla con una cuchara y sofreírla a fuego fuerte, removiendo a menudo. Cortar y desechar las hojas marchitas de la coliflor, poner las más tiernas en un robot de cocina. Partir la coliflor en dos, desmenuzar una mitad y ponerla también en el robot. Trocear la otra mitad en ramitos pequeños, añadirlos a la cazuela con la carne y poner los tallos en el robot. Agregar el curri rendang a la cazuela y sofreírlo todo 10 minutos, o hasta que esté cocido, removiendo a menudo.

Mientras, poner la mitad de las hojas de menta en el robot, añadir una pizca de sal marina y pimienta negra, y triturarlo todo hasta que esté bien fino. Ponerlo en un bol resistente al calor, taparlo y calentarlo en el microondas a potencia máxima 4 o 5 minutos. Reservar las hojitas de menta más tiernas, poner el resto de las hojas en la cazuela, mezclar bien y añadir la leche de coco. Llenar la lata hasta la mitad con agua y verterla también a la cazuela. Llevarlo todo a ebullición y dejar cocer a fuego lento 5 minutos, probarlo, sazonarlo al gusto, y esparcir las hojas de menta reservadas. Mezclar bien el picadillo de coliflor y servirlo a un lado como acompañamiento.

CALORÍAS	GRASAS	GRASAS SATURADAS	PROTEÍNAS	CARBOHIDRATOS	AZÚCAR	SAL	FIBRA
333 kcal	16 g	8,5 g	33,7 g	12,5 g	8,2 g	0,9 g	4,1 g

FILETE RÁPIDO CON ESPÁRRAGOS

PARA 2 PERSONAS   16 MINUTOS EN TOTAL

4 dientes de ajo

1 trozo de jengibre de 4 cm

350 g de espárragos

2 filetes de 125 g cada uno

2 cucharadas de salsa de frijoles negros

Pelar los ajos y el jengibre y laminarlos finamente. Ponerlos en una sartén grande antiadherente con 1 cucharada de aceite de oliva, rehogarlos a fuego medio, removiendo a menudo. Cuando estén crujientes y dorados, retirarlos y reservarlos, dejando el aceite en la sartén. Alinear los espárragos, cortar y desechar el extremo leñoso, y ponerlos en la sartén caliente. Sazonar los filetes con sal marina y pimienta negra, añadirlos junto a los espárragos y subir el fuego al máximo. Sofreírlo todo solo 3 minutos, dando la vuelta a la carne y a los espárragos.

Verter la salsa de frijoles negros y 1 cucharada de vinagre de vino tinto en la sartén, removerlo todo 1 minuto si se quieren los filetes poco hechos, o dejarlo más tiempo hasta obtener el punto de cocción deseado. Cortar los filetes, disponerlos en el plato con los espárragos y esparcir por encima el ajo y el jengibre crujientes.

CALORÍAS	GRASAS	GRASAS SATURADAS	PROTEÍNAS	CARBOHIDRATOS	AZÚCAR	SAL	FIBRA
325 kcal	17,9 g	6 g	32,6 g	8,5 g	5,1 g	0,9 g	0,5 g

CERDO

ESPECTACULAR
HAMBURGUESA DE CERDO

PARA 1 PERSONA | 16 MINUTOS EN TOTAL

1 pera dulce madura

50 g de espinacas, rúcula y berros mezclados

150 g de carne picada de cerdo

1 panecillo de hamburguesa

30 g de queso azul

Cortar la pera a lo largo en láminas lo más finas posible. Mezclarlas con las hojas de ensalada, un chorrito de aceite de oliva virgen extra, otro de vinagre de vino tinto y una pizca de pimienta negra. Con las manos limpias, mezclar la carne picada con un poco de sal y pimienta y formar una hamburguesa de 1 cm de grosor. Untarla con 1 cucharadita de aceite de oliva y ponerla en una sartén grande antiadherente a fuego fuerte durante 2 minutos. Cortar por la mitad el panecillo, agregarlo a la sartén y retirarlo cuando esté tostado.

Darle la vuelta a la hamburguesa, al cabo de 2 minutos, desmenuzar el queso a un lado para que se derrita. Poner la hamburguesa encima del queso, moverla para que quede bien impregnada y disponerla en la base del panecillo. Apilar encima la cantidad de ensalada de pera que quepa en el panecillo, tapar el bocadillo con la parte superior del pan y servirlo con la ensalada sobrante a un lado.

CALORÍAS	GRASAS	GRASAS SATURADAS	PROTEÍNAS	CARBOHIDRATOS	AZÚCAR	SAL	FIBRA
669 kcal	34,5 g	12,9 g	42,3 g	50,7 g	19,3 g	2,5 g	6,8 g

SALCHICHAS CON MANZANAS AL HORNO

PARA 4 PERSONAS · PREPARACIÓN RÁPIDA 9 MINUTOS · COCCIÓN 35 MINUTOS

2 cebollas rojas grandes

2 manzanas

4 chirivías

12 salchichas

1 cucharada de miel líquida

Precalentar el horno a 180°C. Poner a fuego medio-fuerte una sartén grande antiadherente apta para el horno. Pelar las cebollas, cortarlas en cuartos y separarlas en pétalos directamente en la sartén. Rehogarlas removiendo a menudo con 1 cucharada de aceite de oliva y una pizca de sal marina y pimienta negra. Partir las manzanas en cuartos, retirar el corazón y añadirlas a la sartén. Cortar las chirivías en tiras largas con un pelador de verduras. Agregar 1 cucharada de vinagre de vino tinto a la sartén, luego apilar las tiras de chirivía encima de las manzanas y las cebollas.

Poner las salchichas encima, rociar el conjunto con 1 cucharada de aceite de oliva y sazonarlo con una pizca de pimienta negra. Hornearlo durante 30 minutos, verter la miel por encima y hornear 5 minutos más, o hasta que todo esté dorado y delicioso.

CALORÍAS	GRASAS	GRASAS SATURADAS	PROTEÍNAS	CARBOHIDRATOS	AZÚCAR	SAL	FIBRA
489 kcal	28,8 g	7,9 g	22,4 g	36,4 g	24,8 g	1,8 g	10,6 g

PURÉ DE PATATAS
GRATINADO CON CERDO

PARA 4 PERSONAS | 30 MINUTOS EN TOTAL

800 g de patatas

400 g de solomillo de cerdo en una pieza

2 ramitas de salvia fresca

40 g de queso cheddar

4 lonchas de jamón

Precalentar el gratinador a la máxima temperatura. Lavar las patatas, cortarlas en trozos de 3 cm y cocerlas en una cacerola grande con agua salada hirviendo, tapada, durante 12 minutos, o hasta que estén tiernas. Mientras, poner una cazuela poco honda a fuego fuerte. Sazonar el cerdo con sal marina y pimienta negra, ponerlo en la cazuela con 1 cucharada de aceite de oliva y marcar la carne 3 minutos, girándola a menudo. Mientras tanto, deshojar la salvia. Dejar reposar el lomo en un plato, rehogar las hojas de salvia en la cazuela solo durante 5 segundos, disponerlas en un plato y dejar la cazuela con el aceite fuera del fuego para volver a usarla luego.

Escurrir las patatas, ponerlas en la cazuela, rallar encima la mitad del queso, añadir 1 cucharada de aceite de oliva virgen extra y aplastarlas bien, diluyendo el puré con un chorrito de agua, si fuera necesario. Probar el puré, sazonarlo al gusto, y extenderlo hasta los bordes de la cazuela. Rallar por encima el queso restante, colocar el cerdo en el centro y gratinarlo en el horno 10 minutos. Disponer las lonchas de jamón alrededor del cerdo en forma de ondas, esparcir la salvia crujiente y gratinar 2 minutos más, o hasta que el cerdo tenga el punto de cocción deseado. Dejar reposar la carne 2 minutos, cortarla y servir.

CALORÍAS	GRASAS	GRASAS SATURADAS	PROTEÍNAS	CARBOHIDRATOS	AZÚCAR	SAL	FIBRA
420 kcal	18,4 g	5,9 g	31 g	34,7 g	1,2 g	1,3 g	2,6 g

ESCALOPE DE CERDO

PARA 1 PERSONA   16 MINUTOS EN TOTAL

1 rebanada de pan de aceitunas (50 g)

4 ramitas de orégano fresco

1 escalope de cerdo de 125 g

100 g de tomates cherry maduros de distintos colores

10 g de queso feta

Triturar el pan con la mitad de las hojas de orégano en un robot de cocina hasta obtener un pan rallado fino. Poner el cerdo entre dos papeles de horno y golpearlo con un rodillo hasta que tenga ½ cm de grosor. Rebozarlo con el pan rallado y golpearlo de nuevo para que el pan quede bien adherido. Poner una sartén grande antiadherente a fuego medio-fuerte y, cuando esté caliente, verter en ella 1 cucharada de aceite de oliva. Freír el escalope rebozado 3 minutos por cada lado, o hasta que esté bien dorado.

Mientras, partir los tomates por la mitad y deshojar el resto del orégano. Reservar el escalope en un plato, limpiar la sartén con un papel de cocina, añadir los tomates y el orégano con ½ cucharada de aceite de oliva y 1 cucharada de vinagre de vino tinto. Saltear los tomates removiéndolos 1 minuto, probarlos, sazonarlos al gusto con sal marina y pimienta negra, servirlos en el plato y desmenuzar por encima el queso feta.

CALORÍAS	GRASAS	GRASAS SATURADAS	PROTEÍNAS	CARBOHIDRATOS	AZÚCAR	SAL	FIBRA
540 kcal	28,5 g	5,6 g	43,8 g	26 g	4,9 g	1,4 g	4,2 g

CHULETAS DE CERDO CON MELOCOTÓN

PARA 2 PERSONAS | 28 MINUTOS EN TOTAL

2 chuletas de cerdo, de 250 g cada una, con su grasa

4 dientes de ajo

2 ramitas de romero fresco

4 mitades de melocotón en su jugo

50 ml de bourbon

Precalentar el gratinador a la máxima temperatura. Separar la grasa y la corteza de las chuletas, hacer unos cortes en la grasa en forma de rejilla y ponerla en una fuente con la corteza hacia arriba. Gratinarla 5 minutos para que quede crujiente, como si fueran chicharrones, sin dejar de vigilarla. Sazonar las chuletas con sal marina y pimienta negra, hacer unos cortes en forma de rejilla en la grasa que haya quedado pegada en la carne, poner las chuletas en una sartén grande antiadherente fría, con el lado de la grasa hacia abajo. Marcar la grasa a fuego fuerte 3 o 4 minutos, o hasta que se dore y se haya derretido, sosteniendo las chuletas con unas pinzas de forma que la grasa esté en contacto con la sartén. Girar las chuletas y freírlas 5 minutos por cada lado.

Mientras, pelar los ajos y laminarlos finos. Deshojar el romero. Poner las chuletas en un plato, verter el 90 % del aceite de la sartén en un recipiente para usarlo otro día, y rehogar el ajo en la sartén. Remover a menudo hasta que esté dorado, añadir el romero y las 4 mitades de melocotón escurridas, con la parte plana hacia abajo. Mover la sartén encima del fuego y, cuando los melocotones estén dorados, poner de nuevo las chuletas en la sartén, añadir el bourbon y prenderle fuego con cuidado con un encendedor (¡ponte a cierta distancia!). Cuando las llamas empiecen a apagarse, servirlo todo en un plato con la grasa crujiente.

CALORÍAS	GRASAS	GRASAS SATURADAS	PROTEÍNAS	CARBOHIDRATOS	AZÚCAR	SAL	FIBRA
545 kcal	32,1 g	11,8 g	29,4 g	21,7 g	20 g	0,8 g	0,1 g

CERDO CON ACELGAS Y GARBANZOS

PARA 4 PERSONAS | 29 MINUTOS EN TOTAL

400 g de solomillo de cerdo en una pieza

480 g de pimientos asados pelados en salmuera

300 g de acelgas de colores

1 cucharadita colmada de semillas de hinojo

660 g de garbanzos en conserva

Poner una cacerola poco honda a fuego fuerte. Sazonar el cerdo con sal marina y pimienta negra, ponerlo en la cacerola con 1 cucharada de aceite de oliva y marcar la carne 5 minutos, dándole la vuelta a media cocción. Mientras, escurrir los pimientos y cortarlos en trozos de 1 cm, limpiar las acelgas y cortarlas pequeñas, hojas y tallos.

Dejar reposar el cerdo en un plato, añadir las semillas de hinojo, los pimientos y las acelgas a la cacerola con la grasa que haya soltado el cerdo. Rehogarlo todo durante 2 minutos, agregar los garbanzos con su jugo, remover y llevar a ebullición. Poner de nuevo el cerdo en la cacerola tocando la base, junto con los jugos que haya soltado, tapar y cocer lentamente a fuego medio 12 minutos, o hasta que el cerdo esté hecho, dándole la vuelta de vez en cuando.

Dejar reposar el guiso 2 minutos, cortar el cerdo, rectificar la sazón de los garbanzos, añadir un chorrito de vinagre de vino tinto, rociar con aceite de oliva virgen extra y servir.

CALORÍAS	GRASAS	GRASAS SATURADAS	PROTEÍNAS	CARBOHIDRATOS	AZÚCAR	SAL	FIBRA
325 kcal	13,3 g	3,4 g	30,9 g	20,9 g	3,9 g	1 g	5,6 g

CAZUELA DE CERDO CON ZANAHORIAS

PARA 4 PERSONAS | 18 MINUTOS EN TOTAL

400 g de presa de cerdo

400 g de zanahorias mini de diferentes colores

8 cebolletas

2 cucharadas de salsa teriyaki

2 cucharadas de miel líquida

Poner una cazuela grande y poco honda a fuego fuerte. Cortar el cerdo en trozos de 3 cm y ponerlo en la cazuela con 1 cucharada de aceite de oliva y una pizca de sal marina y pimienta negra. Limpiar las zanahorias y añadirlas enteras (cortar por la mitad las más grandes). Sofreírlo todo 12 minutos, o hasta que esté dorado, removiendo a menudo. Mientras, limpiar las cebolletas y cortarlas en rodajas.

Verter un chorrito de agua para desglasar la cazuela, añadir las cebolletas, la salsa teriyaki y la miel. Dejarlo cocer todo otros 3 minutos, removiendo a menudo, hasta que esté brillante y caramelizado. Probar, sazonar al gusto y servir.

CALORÍAS	GRASAS	GRASAS SATURADAS	PROTEÍNAS	CARBOHIDRATOS	AZÚCAR	SAL	FIBRA
332 kcal	20 g	5,9 g	19,2 g	20,1 g	19 g	1,3 g	3,9 g

GRATINADO DE SALCHICHAS RECONFORTANTE

PARA 4 PERSONAS | PREPARACIÓN RÁPIDA 10 MINUTOS | COCCIÓN 45 MINUTOS

600 g de tomates cherry maduros de distintos colores

4 dientes de ajo

200 g de focaccia con romero

660 g de alubias blancas en conserva

12 salchichas

Precalentar el horno a 180 °C. Cortar por la mitad los tomates cherry, pelar y laminar los ajos, y cortar el pan en trozos del tamaño de un bocado. Ponerlo todo en una fuente de horno de 30 cm x 35 cm, añadir las alubias con su jugo, rociarlo todo con 1 cucharada de aceite de oliva y otra de vinagre de vino tinto, añadir un chorrito de agua, y remover. Pinchar las salchichas y cortarlas por la mitad para obtener dos minisalchichas de cada una. Repartirlas por toda la fuente, presionándolas un poco para meterlas entre las alubias y los tomates.

Hornear durante 45 minutos, o hasta que todo esté dorado y delicioso.

CALORÍAS	GRASAS	GRASAS SATURADAS	PROTEÍNAS	CARBOHIDRATOS	AZÚCAR	SAL	FIBRA
571 kcal	29 g	8 g	32,8 g	43,8 g	7 g	1,6 g	9,4 g

CORDERO

PALETILLA DE CORDERO

PARA 8 PERSONAS | PREPARACIÓN RÁPIDA 10 MINUTOS |
COCCIÓN LENTA 6 HORAS

500 g de garbanzos secos

2 limones encurtidos (20 g cada uno)

1 kg de tomates de pera maduros

1 paletilla de cordero de 2 kg, con hueso

2 cucharaditas colmadas de ras el hanout

Poner los garbanzos en una fuente de horno de 30 cm x 40 cm. Cortar los limones en cuartos y retirar las semillas, picar finamente la cáscara y añadirla a la fuente con un buen chorro del jugo de los limones. Trocear los tomates, agregándolos a la fuente a medida que se van cortando.

Rociar el cordero con 1 cucharada de aceite de oliva, untarlo con el ras el hanout y una pizca de sal marina y pimienta negra. Colocar el cordero en la fuente, verter 1 litro de agua, taparlo con papel de aluminio de modo que quede bien ajustado y ponerlo en el horno frío. Calentar el horno a 170 °C y asar el cordero durante 6 horas, o hasta que los garbanzos estén hechos y la carne del cordero, tierna. Al cabo de 3 horas de cocción, verter un poco de agua en los garbanzos y taparlos de nuevo con el papel de aluminio.

Antes de servir, probar los garbanzos, sazonarlos al gusto y rociarlos con 1 cucharada de aceite de oliva virgen extra. Servir el cordero con dos tenedores para separar la carne.

CALORÍAS	GRASAS	GRASAS SATURADAS	PROTEÍNAS	CARBOHIDRATOS	AZÚCAR	SAL	FIBRA
522 kcal	26,7 g	10,2 g	37,4 g	35,3 g	5,8 g	0,7 g	1,4 g

KOFTAS DE CORDERO CON PAN DE PITA

PARA 2 PERSONAS | SOLO 15 MINUTOS EN TOTAL

250 g de carne picada de cordero

2 cucharaditas de harissa, y un poco más para servir

250 g de col lombarda

2 tortillas o panes de pita integrales con semillas

2 cucharadas de requesón

Poner una plancha a fuego fuerte. Con las manos limpias, mezclar bien la carne picada de cordero con la harissa. Dividirla en 6 partes, formar las koftas con los dedos dejando en la superficie marcas irregulares para que, durante la cocción, queden trocitos más tostados. Asar las koftas en la plancha 4 o 5 minutos por cada lado, o hasta que estén doradas.

Mientras, cortar la col lombarda en tiras lo más finas posible. Espolvorearla con una pizca de sal marina y pimienta negra, rociarla con 1 cucharada de vinagre de vino tinto y estrujarla con las manos para hacer un encurtido rápido.

Calentar las tortillas o los panes de pita, repartir la col lombarda y el requesón por encima, añadir las koftas, rociarlas con un poco más de harissa, y ¡a comer!

CALORÍAS	GRASAS	GRASAS SATURADAS	PROTEÍNAS	CARBOHIDRATOS	AZÚCAR	SAL	FIBRA
451 kcal	20 g	8,9 g	32,4 g	32,7 g	6,4 g	1,3 g	9 g

CORDERO GUISADO

PARA 4 PERSONAS | PREPARACIÓN RÁPIDA 10 MINUTOS |
COCCIÓN LENTA 2 HORAS

3 cebollas rojas

400 g de filete de cuello de cordero

6 cucharaditas de salsa de menta

4 cucharaditas de umami en pasta

500 g de patatas

Precalentar el horno a 170°C. Pelar las cebollas y cortarlas en trozos, cortar el cordero en dados de 3 cm, repartirlo todo entre cuatro boles de 15 cm que puedan ir al horno y colocar los boles en una fuente de horno grande. Añadir a cada bol 1 cucharadita de salsa de menta y otra de umami en pasta, 150 ml de agua y una pizca de sal marina y pimienta negra. Mezclar bien.

Limpiar las patatas y cortarlas en rodajas de algo menos de ½ cm con el accesorio de cortar del robot de cocina. Repartirlas entre los boles, superponiéndolas ligeramente para cubrir la superficie. Presionar un poco la capa de patatas para compactarlo todo, taparlo con papel de aluminio y hornearlo durante 2 horas, retirando el papel de aluminio cuando falten 30 minutos de cocción. Repartir por encima el resto de la salsa de menta y ¡al ataque!

CALORÍAS	GRASAS	GRASAS SATURADAS	PROTEÍNAS	CARBOHIDRATOS	AZÚCAR	SAL	FIBRA
383 kcal	18,4 g	8,4 g	22,6 g	33,4 g	10,4 g	1,2 g	4,4 g

CURRI AROMÁTICO DE CORDERO

PARA 4 PERSONAS   PREPARACIÓN RÁPIDA 10 MINUTOS
COCCIÓN LENTA 1 HORA

400 g de paletilla de cordero deshuesada

2 cebollas grandes

2 berenjenas grandes (800 g en total)

2 cucharadas de pasta de curri rogan josh

200 g de yogur natural

Precalentar el horno a 180 °C. Poner una cacerola grande y poco honda a fuego fuerte. Cortar el cordero en dados de 3 cm y ponerlos en la cacerola con el lado de la grasa hacia abajo. Pelar las cebollas, cortarlas junto con las berenjenas en dados del mismo tamaño que los de cordero y añadirlas a la cacerola. Sazonarlo todo con sal marina y pimienta negra, agregar la pasta de curri y 1 cucharada de vinagre de vino tinto, mezclarlo y hornearlo durante 1 hora, o hasta que la carne esté tierna, removiéndola a media cocción y agregando un chorrito de agua, si fuera necesario.

Probar el curri, sazonarlo al gusto, incorporar el yogur, rociarlo con ½ cucharada de aceite de oliva virgen extra, aderezarlo con una buena cantidad de pimienta negra y servir.

CALORÍAS	GRASAS	GRASAS SATURADAS	PROTEÍNAS	CARBOHIDRATOS	AZÚCAR	SAL	FIBRA
375 kcal	24,8 g	10,3 g	23 g	15,9 g	13,5 g	1,1 g	2,6 g

PIERNA DE CORDERO
CON CEBADA Y CERVEZA

PARA 4 PERSONAS   PREPARACIÓN RÁPIDA 8 MINUTOS
COCCIÓN LENTA 2 HORAS 30 MINUTOS

4 trozos de pierna de cordero (de unos 400 g cada uno)

2 puerros

200 g de cebada perlada

1 cucharada colmada de umami en pasta

500 ml de tu cerveza preferida

Precalentar el horno a 170°C. Poner una cacerola grande a fuego fuerte y rehogar los trozos de cordero con 1 cucharada de aceite de oliva. Mientras, lavar los puerros y cortarlos en trozos. Añadirlos a la cacerola junto con la cebada, el umami en pasta y una pizca de sal marina y pimienta negra. Mezclarlo todo bien. Verter encima la cerveza y 1 cucharada de vinagre de vino tinto y cubrirlo con 1,2 litros de agua.

Cocerlo en el horno 2 horas 30 minutos, o hasta que la carne esté tierna, y servirlo. ¡Así de fácil!

CALORÍAS	GRASAS	GRASAS SATURADAS	PROTEÍNAS	CARBOHIDRATOS	AZÚCAR	SAL	FIBRA
783 kcal	35,2 g	12,8 g	65,6 g	48,8 g	6,2 g	1,5 g	0,1 g

CORDERO «VUELTA Y VUELTA»

PARA 2 PERSONAS | 24 MINUTOS EN TOTAL

400 g de patatas nuevas pequeñas

200 g de guisantes congelados

200 g de filete de cordero de la cadera

4 ramitas de albahaca fresca

1 cucharada colmada de pesto de pimiento amarillo o pesto verde

Cortar por la mitad las patatas más grandes y cocerlas todas en una cacerola con agua salada hirviendo 15 minutos, o hasta que estén tiernas, añadiendo los guisantes en los últimos 3 minutos de cocción.

Mientras, untar el cordero con 1 cucharadita de aceite de oliva y una pizca de sal marina y pimienta negra. Empezando con la parte de la grasa hacia abajo, marcar el cordero en una sartén antiadherente a fuego medio-fuerte 10 minutos, dándole la vuelta a menudo hasta que esté dorado por fuera y rosado en el interior, o hasta el punto de cocción deseado. Dejarlo reposar en un plato. Luego, con la sartén a fuego suave, hacer una salsita vertiendo un chorrito de agua y un poco de vinagre de vino tinto para desglasar la sartén y recoger todo lo que ha quedado pegado en el fondo. Dejar espesar la salsa lentamente hasta que se vaya a usar.

Escurrir las patatas y los guisantes, ponerlos en la sartén con la salsa, añadir casi todas las hojas de albahaca y el pesto y mezclar todo bien. Servirlo con el cordero, cortado en lonchas finas, y verter por encima el jugo que haya soltado. Terminar con el resto de las hojas de albahaca, y ¡al ataque!

CALORÍAS	GRASAS	GRASAS SATURADAS	PROTEÍNAS	CARBOHIDRATOS	AZÚCAR	SAL	FIBRA
554 kcal	24,5 g	9,1 g	40,4 g	45,6 g	4,9 g	1,1 g	7,8 g

SUCULENTO CORDERO ESTOFADO

PARA 6 PERSONAS   PREPARACIÓN RÁPIDA 6 MINUTOS
COCCIÓN LENTA 2 HORAS

½ manojo de romero fresco (15 g)

800 g de paletilla de cordero deshuesada

150 g de aceitunas de distintos colores (con hueso)

280 g de cebollitas blancas encurtidas

800 g de tomates de pera en conserva

Precalentar el horno a 170 °C. Poner una cazuela poco honda de 30 cm a fuego fuerte, añadir las hojas de romero con 1 cucharada de aceite de oliva y dejarlas 1 minuto para que queden crujientes. Cortar el cordero en trozos de 3 cm. Retirar el romero y reservarlo, agregar el cordero y rehogarlo 2 minutos hasta que se dore. Mientras, deshuesar las aceitunas.

Escurrir las cebollas encurtidas y añadirlas a la cacerola con las aceitunas. Mezclar bien, incorporar los tomates, aplastándolos con una cuchara de madera, rellenar con agua las dos latas y verterla a la mezcla. Tapar la cazuela y ponerla en el horno durante 2 horas, o hasta que la salsa se espese y la carne esté tierna, removiendo a media cocción y añadiendo un chorrito de agua, si fuera necesario. Probar, sazonar al gusto con sal marina y pimienta negra, esparcir por encima las hojas crujientes de romero y servir. Así de fácil.

CALORÍAS	GRASAS	GRASAS SATURADAS	PROTEÍNAS	CARBOHIDRATOS	AZÚCAR	SAL	FIBRA
398 kcal	29,6 g	12,2 g	25,6 g	7,6 g	6,8 g	1,6 g	2,2 g

CHULETAS DE CORDERO

PARA 2 PERSONAS　　SOLO 15 MINUTOS EN TOTAL

6 chuletas de cordero con el hueso limpio (600 g en total)

200 g de zanahorias mini de distintos colores

8 dientes de ajo

3 naranjas

½ manojo de tomillo fresco (15 g)

Hacer unos cortes en la grasa de las chuletas, sazonarlas con sal marina y pimienta negra, alinearlas como si fuera todo el costillar entero y colocarlas juntas con la grasa hacia abajo en una cacerola grande y poco honda a fuego medio-fuerte. Dejarlas 5 minutos así para que la grasa se derrita y quede crujiente. Limpiar las zanahorias y añadirlas enteras (cortando por la mitad las más grandes) junto con los dientes de ajo sin pelar. Dar la vuelta a las zanahorias de vez en cuando.

Colocar las chuletas planas y marcarlas 2 minutos por cada lado, o hasta que se doren por fuera pero estén todavía rosadas en el interior. Mientras, sacar tiras de la cáscara de 1 naranja con un pelador de verduras. Añadirlas a la cacerola junto con las ramitas de tomillo y saltearlas solo 30 segundos para que se desprendan los sabores.

Dejar reposar las chuletas en un plato, exprimir el zumo de las 3 naranjas en la cacerola. Dejar hervir el zumo hasta que se reduzca y adquiera una consistencia de jarabe, poner de nuevo el cordero en la cacerola con los jugos que haya soltado y servirlo de inmediato.

CALORÍAS	GRASAS	GRASAS SATURADAS	PROTEÍNAS	CARBOHIDRATOS	AZÚCAR	SAL	FIBRA
571 kcal	36,2 g	14,7 g	26,5 g	36,7 g	32,1 g	0,8 g	8,5 g

ARROZ Y FIDEOS

ARROZ CON HUEVO FRITO

PARA 2 PERSONAS | SOLO 10 MINUTOS EN TOTAL

6 cebolletas

250 g de arroz basmati integral cocido

2 cucharaditas colmadas de mermelada de guindilla

2 huevos grandes

150 g de tofu firme

Poner una sartén grande antiadherente a fuego medio-fuerte. Limpiar las cebolletas, cortarlas en rodajas finas y rehogarlas con 1 cucharada de aceite de oliva durante 1 minuto. Añadir el arroz, la mermelada de guindilla, un chorrito de agua y una pizca de sal marina y pimienta negra, remover durante 2 minutos hasta que todo quede bien mezclado.

Apartar el arroz hacia los lados de la sartén, de manera que quede un pozo grande en el centro. Cascar los huevos dentro de este hueco y, con una espátula de goma, remover suavemente los huevos para que vayan cuajando. Añadir el tofu desmenuzado, llevar de nuevo el arroz hacia el centro, encima de los huevos y mezclarlo todo. Probar y sazonar al gusto. Untar ligeramente un bol con aceite, llenarlo con el arroz con huevo, compactarlo con la espátula y darle la vuelta sobre un plato para obtener una presentación de estilo retro.

CALORÍAS	GRASAS	GRASAS SATURADAS	PROTEÍNAS	CARBOHIDRATOS	AZÚCAR	SAL	FIBRA
395 kcal	17,1 g	3,6 g	18,2 g	44,8 g	8,1 g	0,7 g	2,1 g

FIDEOS AGRIDULCES CON POLLO

PARA 2 PERSONAS | 20 MINUTOS EN TOTAL

2 muslos de pollo con piel y con hueso, de 200 g cada uno

150 g de fideos de arroz finos

200 g de tirabeques

2 cucharadas de salsa Worcestershire

2 cucharaditas de mermelada de guindilla

Quitar la piel del pollo. Ponerla en una sartén grande antiadherente a fuego medio para que la grasa se derrita y quede dorada, dándole la vuelta de vez en cuando. Deshuesar los muslos y poner los huesos en la sartén para aprovechar todo su sabor, cortar la carne en trozos de 2 cm. Apartar la piel y los huesos a un lado de la sartén, añadir la carne al lado y rehogarla 5 minutos, o hasta que esté dorada, removiendo de vez en cuando. Cuando la piel esté crujiente, retirarla, cortarla en trozos pequeños y reservarla. Desechar los huesos.

Mientras, cocer los fideos en agua salada hirviendo, siguiendo las instrucciones del paquete. Partir los tirabeques por la mitad a lo largo. Una vez cocidos, escurrir los fideos, reservando una taza del agua de cocción, y refrescarlos con agua fría. Con unas tijeras, cortar los fideos en trozos de aproximadamente 8 cm.

Verter la salsa Worcestershire y la mermelada de guindilla en la sartén con el pollo, dejar que la mermelada se derrita, añadir los tirabeques y los fideos. Mezclarlo en el fuego durante 2 minutos, añadiendo un chorrito del agua reservada para desleír la salsa, si fuera necesario. Probar, sazonar al gusto con sal marina y pimienta negra, y servirlo con los trocitos de piel de pollo crujiente por encima.

CALORÍAS	GRASAS	GRASAS SATURADAS	PROTEÍNAS	CARBOHIDRATOS	AZÚCAR	SAL	FIBRA
544 kcal	14,7 g	4,1 g	26,2 g	74,8 g	12,2 g	0,7 g	1,7 g

ARROZ AL HORNO CON AZAFRÁN

PARA 4 PERSONAS | 26 MINUTOS EN TOTAL

2 cebollas rojas

dos pizcas de azafrán

4 cucharadas colmadas de yogur natural

4 cucharadas de pasta de tomate seco

300 g de arroz basmati blanco

Precalentar el horno a 200 °C. Pelar las cebollas y picarlas finamente. Poner una fuente de horno de 25 cm x 30 cm a fuego fuerte en los fogones, verter en ella 1 cucharada de aceite de oliva, añadir las cebollas y rehogarlas 4 minutos, o hasta que se ablanden, removiendo a menudo. Mientras, poner la mitad del azafrán en 600 ml de agua hirviendo. En un bol, cubrir el resto del azafrán con 1 cucharada de agua hirviendo, dejarlo en remojo durante 10 segundos, mezclarlo con el yogur y reservarlo.

Añadir la pasta de tomate, el arroz y una pizca de sal marina y pimienta negra a las cebollas, cubrir todo con el agua con azafrán y llevar a ebullición. Cuando hierva, poner la fuente en el horno y cocer el arroz 15 minutos, o hasta que haya absorbido toda el agua, se haya hinchado y esté dorado por encima.

Verter el yogur con azafrán por encima del arroz, rociarlo con 1 cucharada de aceite de oliva virgen extra, mezclar todo con un tenedor y servir.

CALORÍAS	GRASAS	GRASAS SATURADAS	PROTEÍNAS	CARBOHIDRATOS	AZÚCAR	SAL	FIBRA
506 kcal	20,1 g	3,6 g	9,7 g	74,9 g	10,5 g	1,2 g	4,1 g

FIDEOS CON TAHINI NEGRO

PARA 2 PERSONAS | SOLO 13 MINUTOS EN TOTAL

150 g de fideos de arroz finos

2 limas

1 barqueta de germinados de berros

50 g de semillas de sésamo negro

2 cucharadas de salsa teriyaki

Cocer los fideos en agua salada hirviendo siguiendo las instrucciones del paquete. Escurrir la pasta reservando una taza del agua de cocción. Mientras, rallar finamente la cáscara de 1 lima, cortar los berros y reservar ambos ingredientes. Tostar las semillas de sésamo en una sartén antiadherente sin aceite a fuego fuerte durante 1 minuto, removiendo a menudo. Reservar una cuarta parte de las semillas, machacar el resto en un mortero hasta obtener una pasta fina, diluirla con la salsa teriyaki y el zumo de 1 lima. Probarla, sazonarla al gusto con sal marina y pimienta negra, y ¡ya tenemos un tahini negro!

Mezclar los fideos con el tahini, diluyéndolo con un chorrito del agua reservada de los fideos. Servirlos espolvoreados con la ralladura de lima, los berros y el sésamo reservado; disponer trozos de lima a un lado para exprimir el zumo por encima.

CALORÍAS	GRASAS	GRASAS SATURADAS	PROTEÍNAS	CARBOHIDRATOS	AZÚCAR	SAL	FIBRA
453 kcal	14,7 g	2,6 g	8,9 g	68,5 g	6,1 g	1,2 g	2,2 g

251

ARROZ ESPECIADO CON LENTEJAS

PARA 2-4 PERSONAS | 25 MINUTOS EN TOTAL

75 g de lentejas rojas partidas

2 cebollas

2 cucharadas colmadas de pasta de curri balti

200 g de col kale de distintos colores

250 g de arroz basmati integral cocido

Cocer las lentejas en una olla con agua salada hirviendo, siguiendo las instrucciones del paquete. Mientras, pelar las cebollas y cortarlas en rodajas finas, ponerlas en una cacerola grande poco honda a fuego medio con ½ cucharada de aceite de oliva y la pasta de curri, rehogarlas 15 minutos, o hasta que se ablanden y se doren, removiendo a menudo. Trocear la col kale (desechando los tallos duros), añadirla a la cacerola junto con un chorrito del agua de cocción de las lentejas, tapar y dejar cocer 2 minutos.

Escurrir las lentejas, mezclarlas en la cacerola con el arroz, tapar de nuevo y dejar cocer 3 minutos más. Mezclar todo, probarlo, sazonarlo al gusto con sal marina y pimienta negra y servirlo. Delicioso.

CALORÍAS	GRASAS	GRASAS SATURADAS	PROTEÍNAS	CARBOHIDRATOS	AZÚCAR	SAL	FIBRA
502 kcal	14,8 g	1 g	19,9 g	76,9 g	16,3 g	1,5 g	7,9 g

FIDEOS DE HUEVO
CON SHIITAKE Y SÉSAMO

PARA 2 PERSONAS   SOLO 13 MINUTOS EN TOTAL

400 g de shiitake

150 g de fideos de huevo

3 dientes de ajo

3 cucharadas de semillas de sésamo

3 cucharadas de salsa de soja kecap manis

Partir las setas por la mitad, saltearlas en una sartén grande antiadherente sin aceite a fuego medio-fuerte durante 8 minutos, o hasta que estén doradas, removiendo de vez en cuando. Mientras, cocer los fideos en una olla con agua salada hirviendo, siguiendo las instrucciones del paquete. Escurrir la pasta, reservando una taza del agua de cocción. Pelar los ajos y laminarlos finamente, añadirlos a las setas con 1 cucharada de aceite de oliva y rehogarlos durante 2 minutos, removiendo a menudo.

Majar las semillas de sésamo en un mortero hasta obtener un polvo fino, incorporarlo a la sartén con los fideos, la salsa de soja kecap manis y un buen chorro del agua reservada y remover hasta que todo esté bien mezclado. Probar, sazonar al gusto con sal marina y pimienta negra, si fuera necesario, y servir de inmediato.

CALORÍAS	GRASAS	GRASAS SATURADAS	PROTEÍNAS	CARBOHIDRATOS	AZÚCAR	SAL	FIBRA
562 kcal	17,3 g	3 g	15,8 g	90,5 g	11 g	1,5 g	0,6 g

ARROZ ITALIANO AL HORNO

PARA 4 PERSONAS | PREPARACIÓN RÁPIDA 10 MINUTOS | COCCIÓN 40 MINUTOS

2 cebollas

60 g de finocchiona (embutido típico de la Toscana, parecido al salami)

300 g de arroz arborio

1 cucharada colmada de mascarpone

40 g de parmesano

Precalentar el horno a 180 °C. Poner una cazuela grande y poco honda a fuego fuerte. Pelar las cebollas, cortarlas en cuartos y separarlas en pétalos directamente en la cazuela. Rehogarlas 4 minutos, removiendo a menudo. Reducir el fuego y añadir 1 cucharada de aceite de oliva y el salami. Luego rehogar el arroz y, al cabo de 1 minuto, verter 1,2 litros de agua hirviendo y el mascarpone. Rallar finamente el parmesano y añadirlo junto con una pizca de sal marina y pimienta negra.

Poner la cazuela en el horno 40 minutos, o hasta que el arroz haya absorbido todo el líquido y esté cocido. Rociarlo con 1 cucharada de aceite de oliva virgen extra y servir. Rectificar la sazón en la mesa.

CALORÍAS	GRASAS	GRASAS SATURADAS	PROTEÍNAS	CARBOHIDRATOS	AZÚCAR	SAL	FIBRA
503 kcal	20,2 g	8 g	13 g	71,7 g	6,3 g	1,2 g	3 g

FIDEOS DE HUEVO CON JAMÓN Y CURRI

PARA 2 PERSONAS · SOLO 10 MINUTOS EN TOTAL

150 g de fideos de huevo

4 cebolletas

100 g de jamón cocido

2 cucharaditas de curri en polvo

2 huevos grandes

Cocer los fideos en una olla con agua salada hirviendo, siguiendo las instrucciones del paquete. Escurrir la pasta, reservando una taza del agua de cocción. Mientras, limpiar las cebolletas y cortarlas finamente. Cortar el jamón en tiras finas.

Poner el jamón en una sartén antiadherente a fuego medio-fuerte con 1 cucharada de aceite de oliva y el curri en polvo. Mientras se dora, batir los huevos. Verterlos en la sartén, removiéndolos con una espátula de goma hasta que empiecen a cuajar, añadir los fideos y casi todas las cebolletas. Mezclar todo en el fuego durante 2 minutos, probar, sazonar al gusto con sal marina y pimienta negra y desleír con un chorrito del agua reservada, si fuera necesario. Servir los fideos, esparcir por encima el resto de las cebolletas y acabar con 1 cucharadita de aceite de oliva virgen extra.

CALORÍAS	GRASAS	GRASAS SATURADAS	PROTEÍNAS	CARBOHIDRATOS	AZÚCAR	SAL	FIBRA
561 kcal	26,7 g	5,8 g	28,4 g	55,8 g	1,8 g	2,7 g	0,6 g

ARROZ CON PAK CHOI Y SALSA HOISIN

PARA 2 PERSONAS | SOLO 15 MINUTOS EN TOTAL

150 g de arroz basmati blanco

4 cebolletas

2 guindillas frescas de dos colores distintos

2 pak choi (250 g)

2 cucharadas de salsa hoisin

Cocer el arroz en una olla con agua salada hirviendo, siguiendo las instrucciones del paquete. Escurrirlo. Mientras, limpiar las cebolletas y cortarlas en rodajas finas, poniendo la parte blanca en un bol. Retirar las semillas de las guindillas y cortarlas bien finas, añadirlas al bol con 1 cucharada de vinagre de vino tinto y un poco de sal marina y pimienta negra y mezclarlo bien para obtener el aliño.

Cortar los pak choi por la mitad a lo largo, ponerlos en una sartén grande antiadherente a fuego medio-fuerte con 1 cucharada de aceite de oliva. Cuando estén dorados, añadir la parte verde de las cebolletas y la salsa hoisin. Dejar glasear los pak choi durante 1 minuto, agregar el arroz y remover todo otro minuto más. Rociar por encima el aderezo de guindilla y servir.

CALORÍAS	GRASAS	GRASAS SATURADAS	PROTEÍNAS	CARBOHIDRATOS	AZÚCAR	SAL	FIBRA
378 kcal	7,3 g	1,1 g	8,5 g	73,3 g	9,3 g	1 g	2,9 g

DULCES

MOUSSE DE CHOCOLATE CON CEREZAS

PARA 6 PERSONAS | 30 MINUTOS EN TOTAL

200 g de chocolate negro (70 %)

400 g de cerezas en almíbar sin hueso

200 ml de nata para montar

4 huevos grandes

2 cucharadas de azúcar moreno extrafino

Derretir el chocolate en un bol resistente al calor puesto encima de una cacerola con agua hirviendo, luego dejarlo enfriar 10 minutos. Mientras, hervir a fuego lento las cerezas con el almíbar en una sartén antiadherente, hasta que el jugo se espese, y reservarlas.

Batir ligeramente la nata hasta que esté medio montada. Separar las claras de las yemas de los huevos. Añadir las yemas a la nata con el azúcar y batir de nuevo. Añadir una pizca de sal marina a las claras y, con un batidor limpio, montarlas a punto de nieve. Mezclar el chocolate frío con la nata, luego, muy suavemente, añadir las claras de huevo removiendo con una espátula.

Repartir la mousse entre seis vasos o boles, intercalando capas de cerezas y almíbar y decorar con unas cerezas encima.

CALORÍAS	GRASAS	GRASAS SATURADAS	PROTEÍNAS	CARBOHIDRATOS	AZÚCAR	SAL	FIBRA
406 kcal	25,4 g	14,8 g	7,6 g	40 g	39,7 g	0,5 g	0,5 g

HOJALDRE RELLENO DE ALMENDRAS

PARA 6 PERSONAS   28 MINUTOS EN TOTAL

100 g de almendras escaldadas

1 cucharada de nata para montar

75 g de azúcar glas, y un poco más para espolvorear

2 huevos grandes

375 g de masa de hojaldre en un trozo (fría)

Precalentar el horno a 220 °C. Forrar una fuente grande con papel de horno. Triturar las almendras en un robot de cocina hasta obtener un polvo fino. Con el robot en marcha, añadir la nata, el azúcar glas, 1 huevo y una pizca de sal marina y triturar hasta que esté todo bien mezclado, limpiando las paredes del robot con una espátula, si fuera necesario.

Partir el hojaldre por la mitad, formar dos círculos y, trabajando deprisa y espolvoreándolo con azúcar glas para que no se pegue, estirarlo entre dos papeles de horno hasta que tenga algo menos de ½ cm de grosor. Poner un círculo en la fuente forrada con papel. Extender la crema de almendras en la base de hojaldre, dejando 2 cm sin cubrir en los bordes. Poner el otro círculo encima y presionarlo para que se pegue. Sellar los bordes con el dorso de un tenedor. Untar la superficie con huevo y espolvorearla con azúcar.

Con el dedo, marcar con cuidado el centro del hojaldre, luego, con un cuchillo afilado, trazar unas líneas desde el centro hacia los bordes. Hornear el hojaldre en la parte de abajo del horno de 12 a 15 minutos, o hasta que la masa suba y se dore. Espolvorearlo con un poco más de azúcar glas antes de servir.

CALORÍAS	GRASAS	GRASAS SATURADAS	PROTEÍNAS	CARBOHIDRATOS	AZÚCAR	SAL	FIBRA
443 kcal	29,2 g	12,7 g	8,9 g	36,7 g	14,7 g	0,7 g	0,9 g

GALLETAS DE MANZANA

PARA 24 GALLETAS   24 MINUTOS EN TOTAL

100 g de manzana deshidratada

200 g de harina con levadura

100 g de mantequilla (fría)

100 g de azúcar moreno extrafino

1 huevo grande

Precalentar el horno a 200 °C. Forrar dos bandejas con papel de horno y untarlo con aceite de oliva. Triturar la manzana en un robot de cocina hasta que esté bien picada, añadir la harina, la mantequilla en dados, el azúcar y una pizca de sal marina. Triturarlo todo durante 1 minuto hasta obtener unas migas pequeñas, retirar 3 cucharadas de la mezcla y reservarlas. Triturar de nuevo hasta que se forme una masa, parando el robot para limpiar las paredes, si fuera necesario.

Dividir la masa en 24 trozos, formar bolas, luego presionarlas ligeramente para hacer galletas redondas de 4 cm, alineándolas en las bandejas mientras se van haciendo. Espolvorear por encima la mezcla reservada y presionarla para que se pegue a las galletas. Hornear las galletas durante 8 o 10 minutos, o hasta que se doren. Dejarlas enfriar un poco, luego ponerlas sobre una rejilla para que se enfríen completamente. ¡Qué ricas!

CALORÍAS	GRASAS	GRASAS SATURADAS	PROTEÍNAS	CARBOHIDRATOS	AZÚCAR	SAL	FIBRA
89 kcal	3,8 g	2,2 g	1,1 g	13,1 g	6,9 g	0,2 g	0,7 g

PASTEL DE POLENTA CON NARANJA

PARA 8-10 PERSONAS | PREPARACIÓN RÁPIDA 10 MINUTOS |
COCCIÓN + ENFRIADO 50 MINUTOS

10 naranjas normales o sanguinas

250 g de miel líquida

3 huevos grandes

200 g de almendras molidas

100 g de polenta fina

Precalentar el horno a 160°C. Untar con aceite de oliva un molde redondo desmontable de 20 cm, forrar la base con papel de horno y untarlo también con aceite. Exprimir el zumo de 3 naranjas (aproximadamente 100 ml) en una cacerola, añadir 100 g de miel y cocerlo a fuego lento hasta que se reduzca y se espese. Retirarlo del fuego.

Mientras tanto, en un robot de cocina, batir 200 ml de aceite de oliva con los 150 g de miel restantes, a velocidad máxima durante 2 minutos, para que quede bien mezclado. Añadir los huevos y batirlos 2 minutos; mientras, rallar finamente la cáscara de 3 naranjas y añadirla. Parar el robot, incorporar las almendras molidas, la polenta y el zumo de 1 o 2 naranjas (aproximadamente 50 ml). Verter la mezcla en el molde y hornearla de 40 a 50 minutos, o hasta que la masa esté cocida y la superficie dorada. Dejar enfriar el pastel en el molde durante 10 minutos y separar los bordes con una pequeña espátula antes de desmoldarlo cuidadosamente.

Para servirlo, pelar el resto de las naranjas, cortarlas en rodajas y colocarlas al lado del pastel. Regarlo todo con la salsa de miel y naranjas antes de degustarlo.

CALORÍAS	GRASAS	GRASAS SATURADAS	PROTEÍNAS	CARBOHIDRATOS	AZÚCAR	SAL	FIBRA
490 kcal	33,4 g	4,4 g	8,4 g	41,2 g	32,8 g	0,1 g	2 g

GALLETAS DE CENTENO Y CHOCOLATE

PARA 24 GALLETAS | 28 MINUTOS EN TOTAL

100 g de chocolate negro (70 %)

100 g de mantequilla

100 g de pan de centeno

2 huevos grandes

50 g de azúcar moreno extrafino

Precalentar el horno a 200 °C. Forrar dos bandejas con papel de horno y untarlo con aceite de oliva. Derretir el chocolate en un bol resistente al calor puesto encima de una cacerola con agua hirviendo. Retirar el bol del calor y agregar la mantequilla para que se derrita. Trocear el pan en un robot de cocina y triturarlo hasta obtener unas migas pequeñas, añadir los huevos y el azúcar y triturar de nuevo. Con el robot en marcha, verter la mezcla de chocolate y batir hasta que esté bien mezclado.

Poner la masa en una bolsa de plástico, cortar una esquina y escudillar círculos de 3-4 cm en las bandejas forradas para obtener 24 galletas. Hornear las galletas de 8 a 10 minutos, o hasta que se extiendan y estén hechas. Espolvorearlas con sal marina y dejarlas enfriar un poco antes de comerlas.

CALORÍAS	GRASAS	GRASAS SATURADAS	PROTEÍNAS	CARBOHIDRATOS	AZÚCAR	SAL	FIBRA
76 kcal	5,2 g	3 g	1,2 g	6,8 g	4,9 g	0,2 g	0,2 g

PUDIN RÁPIDO

PARA 6 PERSONAS   17 MINUTOS EN TOTAL

375 g de mermelada de naranja amarga con trozos

150 ml de nata líquida, y un poco más para servir

2 huevos grandes

100 g de harina con levadura

150 g de almendras molidas

Untar seis tazas de té resistentes al calor con un poco de aceite de oliva. En un bol grande, batir 100 ml de aceite de oliva con 2 cucharadas de mermelada, la nata y los huevos. Añadir la harina, las almendras y una pizca de sal marina y batirlo hasta que esté bien mezclado. Poner el resto de la mermelada en una cacerola pequeña con un chorrito de agua y cocerla lentamente a fuego medio-fuerte hasta que se forme una salsa espesa con la consistencia del almíbar. Retirarla del fuego.

Repartir la masa del pudin entre las tazas y cocer los púdines de dos en dos en el microondas a temperatura máxima durante 2½ o 3 minutos, o hasta que se hinchen. Desmoldarlos, rociarlos con el almíbar de mermelada y servirlos con un poco más de nata, si se desea.

CALORÍAS	GRASAS	GRASAS SATURADAS	PROTEÍNAS	CARBOHIDRATOS	AZÚCAR	SAL	FIBRA
596 kcal	37,6 g	7,1 g	10 g	58,3 g	45,3 g	0,3 g	0,9 g

PASAS CON RON FLAMEADO

PARA 4 PERSONAS | SOLO 10 MINUTOS EN TOTAL

4 bolas grandes de helado de vainilla

60 g de pasas sultanas amarillas

60 g de pasas

6 galletas de jengibre

100 ml de ron oscuro especiado

Sacar el helado del congelador. Poner todas las pasas con un chorrito de agua en una cacerola a fuego medio y dejarlas unos minutos hasta que se hinchen y el agua se evapore. Mientras, machacar las galletas en un mortero, repartirlas entre cuatro boles y añadir una bola de helado en cada uno.

Cuando el agua se haya evaporado, verter el ron encima de las pasas y prenderle fuego con cuidado con un encendedor (¡ponte a cierta distancia!). Cuando las llamas empiecen a apagarse, verter la mezcla encima del helado. Divino.

CALORÍAS	GRASAS	GRASAS SATURADAS	PROTEÍNAS	CARBOHIDRATOS	AZÚCAR	SAL	FIBRA
289 kcal	6,6 g	3,7 g	3 g	43,1 g	36,5 g	0,3 g	0,4 g

SHORTBREAD DE NARANJA
CON CHOCOLATE

PARA 12 GALLETAS | TOTAL 30 MINUTOS

150 g de mantequilla a temperatura ambiente

200 g de harina

50 g de azúcar moreno extrafino, y un poco más para espolvorear

1 naranja

50 g de chocolate negro (70 %)

Precalentar el horno a 190°C. Untar con mantequilla un molde cuadrado de 20 cm y forrarlo con papel de horno. En un bol, poner la mantequilla, la harina, el azúcar y la mitad de la cáscara de la naranja rallada. Trabajar los ingredientes con la punta de los dedos hasta formar una masa. Aplastarla y golpearla ligeramente —sin amasarla— dándole una forma cuadrada y un grosor de 1 cm. Ponerla en el molde. Pinchar toda la superficie con un tenedor y hornearla durante 20 minutos, o hasta que esté ligeramente dorada. Retirarla del horno, espolvorear por encima un poco más de azúcar mientras todavía está templada y dejarla enfriar.

Mientras, derretir el chocolate en un bol resistente al calor puesto encima de una cacerola con agua hirviendo y retirar cuando esté listo. Cortar la masa en 12 porciones alargadas, ponerlas en una rejilla. Regarlas con el chocolate y rallar por encima el resto de la cáscara de la naranja. Cortar la naranja y servirla al lado de las galletas.

CALORÍAS	GRASAS	GRASAS SATURADAS	PROTEÍNAS	CARBOHIDRATOS	AZÚCAR	SAL	FIBRA
188 kcal	11,6 g	7,3 g	1,9 g	20 g	7,3 g	0 g	0,6 g

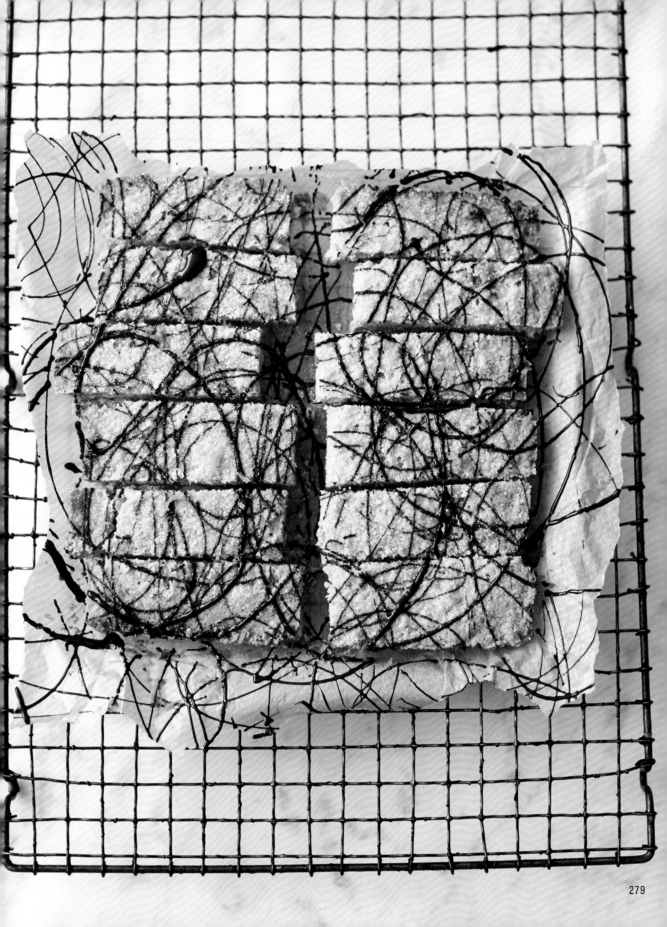

ALASKA CON MELOCOTÓN Y ALMENDRAS

PARA 4 PERSONAS | 26 MINUTOS EN TOTAL

80 g de almendras laminadas

410 g de melocotones en almíbar

4 bolas grandes de helado de vainilla

2 huevos grandes

100 g de azúcar moreno extrafino

Precalentar el gratinador a temperatura máxima. Tostar las almendras en una fuente, vigilándolas continuamente, y retirarlas cuando empiecen a dorarse. Cortar los melocotones en rodajas y repartirlos, junto con el almíbar, entre cuatro boles que puedan ir al horno. Poner una bola de helado encima de cada uno y reservarlos en el congelador.

Separar las claras de las yemas de los huevos. Poner las claras en un robot de cocina (reservar las yemas para otra preparación), añadir una pizca de sal marina y montarlas a punto de nieve (también se puede utilizar una batidora de brazo). Con el robot en marcha, ir echando el azúcar poco a poco y batir hasta que esté bien mezclado. Poner las claras en una manga pastelera (a mí me gusta poner una boquilla en forma de estrella) o en una bolsa de plástico grande con una esquina recortada.

Sacar los boles del congelador y esparcir las almendras tostadas por encima. Escudillar el merengue sobre el helado dándole la forma deseada. Poner los boles debajo del gratinador solo 2 minutos, o hasta que se doren (yo los pongo de dos en dos para poder controlarlos). Retirarlos del horno y servir de inmediato.

CALORÍAS	GRASAS	GRASAS SATURADAS	PROTEÍNAS	CARBOHIDRATOS	AZÚCAR	SAL	FIBRA
386 kcal	18,4 g	4,3 g	10 g	48,6 g	48 g	0,7 g	0,1 g

TARTA TATIN DE CIRUELAS

PARA 6 PERSONAS | 24 MINUTOS EN TOTAL

600 g de ciruelas maduras de distintos colores

1 cucharadita de canela en polvo

120 ml de jarabe de arce

320 g de hojaldre en láminas (frío)

6 bolas grandes de helado de vainilla

Precalentar el horno a 220°C. Poner una sartén antiadherente de 26 cm que pueda ir al horno a fuego medio. Partir por la mitad las ciruelas y deshuesarlas, ponerlas en la sartén con 30 ml de agua y cocerlas 1 minuto. Espolvorearlas con la mitad de la canela y rociarlas uniformemente con el jarabe de arce. Poner el hojaldre encima de las ciruelas, metiendo los bordes de la masa dentro de la sartén con una cuchara de madera. Recortar el exceso de masa y utilizarla para tapar pequeños agujeros, si fuera necesario.

Hornear la tarta en la parte de abajo del horno durante 16 minutos, o hasta que el hojaldre se haya hinchado y esté dorado. Protegerse las manos con una manoplas y, con mucho cuidado, darle la vuelta a la tarta sobre un plato más grande que la sartén. Servirla con unas bolas de helado por encima, espolvoreada con la canela restante y rociada con un poco de aceite de oliva virgen extra.

CALORÍAS	GRASAS	GRASAS SATURADAS	PROTEÍNAS	CARBOHIDRATOS	AZÚCAR	SAL	FIBRA
392 kcal	18,7 g	11,8 g	4,8 g	52,3 g	32,8 g	0,3 g	1,2 g

CARPACCIO DE PIÑA

PARA 4 PERSONAS | SOLO 10 MINUTOS EN TOTAL

1 manojo de menta fresca (30 g)

1 piña madura

100 g de arándanos

4 cucharadas de yogur griego de coco

1 lima

Poner las hojas de menta en un mortero, reservando un pequeño puñado de hojas enteras. Machacarlas hasta obtener una pasta, desleírla con 1 o 2 cucharadas de aceite de oliva virgen extra para lograr un aceite de menta. Cortar los dos extremos de la piña y pelarla. Dividirla en cuartos a lo largo, quitar el corazón y cortarla finamente a lo largo. Disponerla en una fuente o repartirla entre los platos. Partir los arándanos por la mitad y esparcirlos por encima.

Rociar un poco de aceite de menta sobre el yogur (guardar el resto para otra receta), poner unas cucharadas encima de la fruta. Rallar finamente la cáscara de la lima, espolvorearla por el plato y exprimir el zumo por encima. Esparcir el resto de las hojas de menta cortadas en juliana fina y rociarlo todo con un chorrito de aceite de oliva virgen extra (sí, lo has oído bien, es delicioso).

CALORÍAS	GRASAS	GRASAS SATURADAS	PROTEÍNAS	CARBOHIDRATOS	AZÚCAR	SAL	FIBRA
122 kcal	5,6 g	2,5 g	1,3 g	17,5 g	15,4 g	0 g	0,4 g

PASTEL DE QUESO BANOFFEE

PARA 10 PERSONAS   PREPARACIÓN 18 MINUTOS   CONGELACIÓN TODA LA NOCHE

150 g de chocolate negro (70 %)

300 g de galletas tipo Hobnobs o Digestive

8 plátanos muy maduros

500 g de queso crema bajo en grasas

225 g de dulce de leche

Untar la base de un molde desmontable de 20 cm con aceite de oliva, forrarlo con papel de horno y untar también el papel con aceite. Derretir 50 g de chocolate en un bol resistente al calor puesto encima de una cacerola con agua hirviendo, y retirarlo del calor. Desmenuzar las galletas en un robot de cocina y triturarlas con 2 cucharadas de aceite de oliva virgen extra hasta que estén bien mezcladas. Añadir el chocolate derretido y triturar de nuevo. Poner la mezcla en la base del molde extendiéndola hasta obtener una capa de 1 cm de grosor.

Pelar los plátanos, trocearlos en el robot de cocina, añadir el queso crema y el dulce de leche, triturar hasta que se forme una mezcla lisa y cremosa, verterla sobre la base de galletas. Congelar el pastel toda la noche, o hasta que se vaya a comer. Antes de servirlo ponerlo en la nevera 2 horas, o hasta que tenga una consistencia que permita el corte.

Separar los bordes del pastel con una espátula pequeña y desmoldarlo. Rallar el chocolate restante o hacer unas virutas, colocarlas por encima y servir. Es delicioso.

CALORÍAS	GRASAS	GRASAS SATURADAS	PROTEÍNAS	CARBOHIDRATOS	AZÚCAR	SAL	FIBRA
482 kcal	22 g	8,1 g	9,6 g	63,5 g	48,7 g	0,8 g	3,1 g

GRANIZADO DE SANDÍA

PARA 8 PERSONAS | PREPARACIÓN 14 MINUTOS | CONGELACIÓN 8 HORAS

1 sandía pequeña (1,8 kg)

60 g de jengibre en almíbar

2 limas

½ manojo de menta fresca (15 g)

8 cucharadas de yogur natural

Quitar la cáscara de la sandía, cortar la pulpa en trozos y retirar las semillas. Cortar el jengibre y ponerlo junto con la sandía en una bolsa grande de congelación con el cierre hermético. Añadir la ralladura de las limas y todo su zumo, cerrar la bolsa y ponerla en el congelador, bien plana, por lo menos 8 horas, o hasta que el contenido esté bien congelado.

Cuando se vaya a servir, reservar unas cuantas hojitas de menta, poner el resto en un robot de cocina. Añadir la sandía congelada (en tandas, si fuera necesario) y triturar hasta obtener un granizado rosa. Servir 2 cucharadas colmadas de granizado por persona, con 1 cucharada de yogur, un chorrito del almíbar del jengibre y las hojitas de menta. Es una buena idea servirlo en platos, boles o vasos enfriados en la nevera.

CALORÍAS	GRASAS	GRASAS SATURADAS	PROTEÍNAS	CARBOHIDRATOS	AZÚCAR	SAL	FIBRA
109 kcal	1,6 g	0,8 g	2,2 g	22,7 g	22,4 g	0,1 g	0 g

PERAS EMBORRACHADAS CON CHOCOLATE

PARA 4 PERSONAS | SOLO 15 MINUTOS EN TOTAL

40 g de avellanas escaldadas

410 g de peras en su jugo, partidas por la mitad

50 ml de armañac

50 g de chocolate negro (70 %)

4 bolas grandes de helado de vainilla

Tostar las avellanas en una sartén grande antiadherente a fuego fuerte durante unos 2 minutos, hasta que se doren ligeramente, removiendo a menudo. Ponerlas en un mortero, dejando la sartén en el fuego. Verter las peras con su jugo en la sartén, calentarlas y añadir el armañac. Prenderle fuego con cuidado con un encendedor (¡ponte a cierta distancia!). Dejar quemar el alcohol, hervir hasta que la salsa se reduzca y adquiera la consistencia de un almíbar. Mientras, machacar las avellanas y repartirlas entre cuatro platos, poniendo un montoncito en cada uno.

Disponer las peras en los platos, con el lado cortado hacia arriba. Retirar el almíbar del fuego, trocear casi todo el chocolate dentro de la sartén. Mientras se derrite, poner una bola de helado sobre cada montoncito de avellanas y rallar por encima el chocolate restante. Remover el almíbar con chocolate, verterlo dentro del hueco de las peras y servir.

CALORÍAS	GRASAS	GRASAS SATURADAS	PROTEÍNAS	CARBOHIDRATOS	AZÚCAR	SAL	FIBRA
275 kcal	14 g	5,2 g	3,9 g	28,3 g	27,9 g	0,1 g	0,8 g

PUDIN DE ARROZ Y MANGO

PARA 4 PERSONAS | 28 MINUTOS EN TOTAL

150 g de arroz para pudin

4 anises estrellados

350 g de mango congelado en dados

4 cucharadas de miel líquida

4 cucharadas de yogur griego de coco

Poner el arroz, los anises estrellados, el mango congelado, 3 cucharadas de miel y una pizca de sal marina en una cacerola a fuego medio. Cubrirlo todo con 700 ml de agua y cocerlo a fuego lento durante 25 minutos, o hasta que tenga una consistencia espesa y cremosa, removiendo de vez en cuando.

Añadir el yogur para darle más cremosidad al pudin y repartir la mezcla entre los boles. Rociar por encima la miel restante y ¡que aproveche! Así de fácil.

CALORÍAS	GRASAS	GRASAS SATURADAS	PROTEÍNAS	CARBOHIDRATOS	AZÚCAR	SAL	FIBRA
276 kcal	3 g	2,2 g	3,5 g	63,2 g	29,4 g	0,2 g	0,6 g

PASTA FILO CON FRAMBUESAS Y MIEL

PARA 4 PERSONAS | SOLO 14 MINUTOS EN TOTAL

3 hojas de pasta filo

6 cucharaditas colmadas de miel líquida

40 g de pistachos sin cáscara

200 g de frambuesas

400 g de yogur griego de coco

Precalentar el horno a 180 °C. Extender 1 hoja de pasta filo en una fuente de horno untada con aceite, rociarla con 1 cucharadita colmada de miel y repetir la operación con otra hoja de pasta filo. Extender la última hoja de filo y rociarla con un poco de aceite de oliva. Esparcir los pistachos por encima y hornear durante 10 minutos, o hasta que todo esté dorado. Mientras, aplastar la mitad de las frambuesas con un tenedor, mezclarlas con el yogur y repartirlas entre los platos.

Poner los pistachos en una tabla y machacarlos ligeramente. Romper la pasta filo en trozos y disponerlos encima del yogur. Esparcir los pistachos y el resto de las frambuesas por el plato y rociarlo todo con la miel restante.

CALORÍAS	GRASAS	GRASAS SATURADAS	PROTEÍNAS	CARBOHIDRATOS	AZÚCAR	SAL	FIBRA
359 kcal	18 g	11,2 g	6,6 g	45 g	18,4 g	0,4 g	2 g

GALLETAS DE AVENA DE BUDDY

PARA 16 GALLETAS | 29 MINUTOS EN TOTAL

100 g de mantequilla a temperatura ambiente

100 g de frutos secos y deshidratados variados

100 g de copos de avena

100 g de harina con levadura

100 g de melaza clara de caña

Precalentar el horno a 180 °C. Forrar una fuente de horno cuadrada y honda de 20 cm con papel de horno y untarlo con aceite de oliva. Poner la mantequilla, los frutos secos y deshidratados, los copos de avena y la harina en un robot de cocina y triturarlo hasta que todo quede bien mezclado, añadir la melaza y triturar de nuevo.

Poner la mezcla en la fuente, aplanándola por los lados. Hornear la masa de 15 a 20 minutos, o hasta que la superficie esté dorada. Retirar del horno, cortar en 16 cuadrados, sin llegar a separarlos, y dejar enfriar en la fuente durante 5 minutos. Tirando de los bordes del papel, sacarla de la fuente y dejar enfriar completamente sobre una rejilla. Sencillo, fácil y delicioso. ¡Que corra la voz!

CALORÍAS	GRASAS	GRASAS SATURADAS	PROTEÍNAS	CARBOHIDRATOS	AZÚCAR	SAL	FIBRA
140 kcal	7,9 g	3,8 g	2,1 g	16,1 g	6,9 g	0,1 g	1 g

CAFÉ AFFOGATO CON NUECES

PARA 4 PERSONAS | SOLO 9 MINUTOS EN TOTAL

50 g de chocolate negro (70 %)

20 g de mantequilla

50 g de nueces peladas sin sal

4 bolas grandes de helado de vainilla

4 cafés exprés largos

Derretir el chocolate y la mantequilla con una pizca de sal marina en un bol resistente al calor puesto encima de una cacerola con agua hirviendo, y luego retirar el bol del calor. Reservar 4 nueces enteras para decorar y trocear el resto.

Poner las cuatro bolas de helado en cuatro tazas de té. Esparcir por encima las nueces troceadas, verter un café exprés en cada taza, disponer una nuez entera encima y rociar el conjunto con el chocolate derretido.

CALORÍAS	GRASAS	GRASAS SATURADAS	PROTEÍNAS	CARBOHIDRATOS	AZÚCAR	SAL	FIBRA
272 kcal	20,3 g	8,2 g	4,2 g	19,5 g	19,3 g	0,6 g	4,2 g

GALLETAS DE POLENTA ST CLEMENT'S

PARA 24 GALLETAS · 28 MINUTOS EN TOTAL

100 g de mantequilla fría

50 g de polenta fina

150 g de harina con levadura

100 g de azúcar moreno extrafino, y un poco más para espolvorear

2 limones (o naranjas)

Precalentar el horno a 180 °C. Forrar dos bandejas con papel de horno y untarlo con aceite de oliva. Poner la mantequilla cortada en dados, la polenta, el azúcar y la harina con levadura en un robot de cocina. Añadir la cáscara de 1 limón (o naranja) finamente rallada y triturar hasta que quede todo bien mezclado. Exprimir el zumo de medio limón (o naranja) en el robot, triturar de nuevo hasta obtener una masa y darle forma de bola.

Dividir la masa en 24 trozos, formar bolas y ponerlas en las bandejas, dejando un espacio de 5 cm entre ellas. Con el pulgar, hundir el centro de cada bola haciendo un hueco de 1 cm. Rallar finamente el resto del limón (o naranja) y poner la ralladura dentro del hueco, con un poco de azúcar. Hornear las galletas 10 minutos, o hasta que estén doradas. Ponerlas sobre una rejilla para que se enfríen antes de comerlas.

CALORÍAS	GRASAS	GRASAS SATURADAS	PROTEÍNAS	CARBOHIDRATOS	AZÚCAR	SAL	FIBRA
70 kcal	3,6 g	2,2 g	0,7 g	9,4 g	4,4 g	0,1 g	0,2 g

MERENGUES CON FRUTOS ROJOS

PARA 2 PERSONAS | SOLO 8 MINUTOS EN TOTAL

2 bolas grandes de helado de vainilla

200 g de arándanos

2 merengues, comprados hechos

100 g de frambuesas

chocolate negro (70 %), para servir

Sacar el helado del congelador. Poner los arándanos en una sartén antiadherente con un chorrito de agua y cocerlos a fuego fuerte durante 2 minutos, o hasta que empiecen a romperse y caramelizarse. Retirarlos del fuego.

Alternado las capas como se desee, romper los merengues y repartir los trozos entre dos boles o vasos, agregar las frambuesas partidas por la mitad, poner una bola de helado en cada uno y con una cuchara añadir los arándanos con su jugo. Esparcir por encima un poco de chocolate rallado o en virutas, y comer el postre cogiendo todos los ingredientes con la cuchara para que los sabores se mezclen.

CALORÍAS	GRASAS	GRASAS SATURADAS	PROTEÍNAS	CARBOHIDRATOS	AZÚCAR	SAL	FIBRA
250 kcal	7,2 g	4,3 g	4,7 g	44,1 g	44 g	0,1 g	1,6 g

SOBRE NUTRICIÓN

El equipo de nutricionistas de Jamie nos ocupamos de comprobar que todas sus recetas, por muy creativas que sean, cumplan con las premisas establecidas. Salvo en el capítulo de dulces, el 70 % de las recetas de este libro siguen nuestras directrices de salud, pero no todas constituyen una comida completa, y tendrás que añadir lo que les falte. Para que puedas elegir con conocimiento de causa, en cada receta hemos incluido la información nutricional correspondiente. Recuerda que llevar una dieta equilibrada y hacer ejercicio con regularidad son las claves de un estilo de vida saludable. Si deseas más información sobre nuestras directrices y sobre cómo analizamos las recetas, visita jamieoliver.com/nutrition.

Laura Matthews - Jefe de Nutrición, RNutr (Alimentación)

EL PLATO EQUILIBRADO

Cuando se trata de comer bien, el equilibrio es lo más importante. Saber equilibrar los platos y controlar las raciones es un excelente punto de partida en el camino hacia la buena salud.

No es imprescindible ser riguroso cada día, sino conseguir el equilibrio a lo largo de la semana. Como guía general, si la carne y el pescado forman parte de tu dieta, en las comidas principales debes incluir como mínimo dos porciones de pescado a la semana, una de ellas de pescado azul, y hacer el resto de las comidas principales con verduras, algo de ave de corral y un poco de carne roja. Una dieta vegetariana estricta también puede ser perfectamente sana.

CÓMO EQUILIBRAR UN PLATO

En la tabla siguiente encontrarás las porciones y los porcentajes exactos de cada alimento que tus platos deberían tener.

LOS CINCO GRUPOS DE ALIMENTOS	PORCIÓN DEL PLATO
Frutas y verduras	Poco más de un tercio (40%)
Carbohidratos con almidón (pan, arroz, patatas, pasta)	Poco más de un tercio (38%)
Proteínas (carne, pescado, huevos, legumbres, otras fuentes no lácteas)	Alrededor de un octavo (12%)
Productos lácteos, leche y alternativas lácteas	Alrededor de un octavo (8%)
Grasas no saturadas (como aceites)	En pequeñas cantidades (1%)
Y NO OLVIDES BEBER MUCHA AGUA	

FRUTAS Y VERDURAS

Estos tesoros nutricionales, cargados de vitaminas y minerales, deben protagonizar tu dieta. Las frutas y las verduras son alimentos maravillosos con todo tipo de formas, tamaños, colores, sabores y texturas. Cómete todo el arco iris mezclando tantas variedades distintas como puedas y eligiendo productos de temporada, que son los más nutritivos. El objetivo es tomar cinco porciones de 80 g de verduras (frescas, congeladas o enlatadas) y fruta cada día de la semana, y aumentarlas cuando sea posible. Puedes añadir 30 g de fruta deshidratada, 80 g de legumbres y 150 ml de zumo de verdura o fruta, sin añadir azúcar, al día.

CARBOHIDRATOS CON ALMIDÓN

Los carbohidratos nos hacen sentir felices, sacian el apetito y nos proporcionan una buena parte de la energía necesaria para mover el cuerpo y para que los órganos dispongan del combustible que precisan para funcionar. Cuando sea posible, come harinas integrales, más ricas en fibra, que al tardar más en descomponerse, proporcionan un nivel de energía más sostenido y te mantienen saciado durante más tiempo. Un adulto medio puede tomar unos 260 g de hidratos de carbono al día, de los que un máximo de 90 g pueden proceder de azúcares totales. La fibra también se clasifica como un carbohidrato, y nuestro objetivo debe ser tomar unos 30 g de fibra al día.

PROTEÍNAS

Las proteínas son una parte integral de nuestra dieta, pero es necesario controlarlas. Imagina que las proteínas son los ladrillos de nuestro cuerpo, y se utilizan para todo lo que en él debe crecer y repararse. Por lo general, la cantidad óptima para las mujeres de 19-50 años es de 45 g al día, y de 55 g para los hombres del mismo grupo de edad.

LÁCTEOS, LECHE Y SUS ALTERNATIVAS

En un plato equilibrado serán una pequeña porción, pero ofrecen una increíble variedad de nutrientes cuando se comen en las cantidades adecuadas. Es mejor decantarse por la leche y el yogur poco grasos y sin azúcar añadido y pequeñas raciones de queso.

GRASAS NO SATURADAS

Aunque solo necesitamos cantidades pequeñas, las grasas son necesarias; si es posible, procedentes de fuentes no saturadas, como aceite de oliva y vegetal, frutos secos, semillas, aguacate y pescado azul rico en omega 3. Se recomienda que las mujeres no tomen más de 70 g de grasa al día, de los que menos de 20 g pueden ser saturadas, y los hombres un máximo de 90 g, hasta 30 g de saturadas.

BEBE MUCHA AGUA

Este consejo es muy sencillo: para dar lo mejor de ti mismo debes mantenerte hidratado. ¡El agua es esencial para la vida! En general, las mujeres de 14 años o más necesitan como mínimo 2,5 litros al día, y los hombres del mismo grupo de edad, como mínimo 2 litros al día

INFORMACIÓN CALÓRICA Y NUTRICIONAL

En líneas generales, las mujeres necesitan 2 000 calorías al día, y el hombre, 2 500. Estas cifras son una guía, pues lo que comemos debe determinarlo la edad, la constitución física, el estilo de vida y el nivel de actividad. En una dieta sana y equilibrada se puede comer de todo con moderación, sin renunciar a nada, a menos que lo indique un médico o dietista.

GRACIAS

Me siento muy orgulloso de este libro, y en particular del modo en que mi excelente equipo y los maravillosos profesionales externos se han esforzado para que el concepto «5 ingredientes» viera la luz, y en un tiempo récord. En la página adjunta puedes ver a una parte de este increíble talento. Pero esos rostros amables y felices son solo la punta del iceberg. Vamos allá...

Gracias sin fin a mi talentoso equipo culinario. A la inconmensurable Ginny Rolfe, a Abi «Scottish» Fawcett, Christina «Boochie» Mackenzie, Maddie Rix, Elspeth Allison, Jodene Jordan, Rachel Young, Jonny Lake y Simon Parkinson, Bella Williams y Becca Sulocki. Al incomparable Mr. Pete Begg, a Bobby Sebire, Sarah «Tiddles» Tildesley, a mi hermana griega Georgina Hayden, Joanne Lewis, Athina Andrelos, Bianca Koffman, Barnaby Purdy, Ella Miller, Helen Martin y Daniel Nowland. A mis jefas de nutrición, Laura Matthews y Rozzie Batchelar, gracias por vuestro talento. A mis magas de las palabras, mi editora Rebecca «Rubs» Verity, Beth Stroud, Frances Stewart y el resto del equipo editorial. Y a toda la pandilla que trabaja duro en la oficina, especialmente Paul Hunt, Louise Holland, Claire Postans, Zoe Collins, Sy Brighton y Ali Solway. Para Tamsyn Zietsman, Laura Jones, Ben Lifton y el resto del equipo de relaciones públicas y marketing, así como a los extensos equipos de apoyo, los departamentos de personal, operaciones, legal, finanzas, informática y, por supuesto, a mi leal ejército de catadores oficiales: ¡os merecéis todos los elogios!

En cuanto a las imágenes, se han tomado un montón de fotos a lo largo de esta aventura, muchas gracias a mi querido amigo David Loftus y a su compañero especialista en iluminación y digitalización, Richard Clatworthy. Gracias a Dave, por salir de su zona de confort y encargarse de la iluminación de estudio. Estoy muy contento con lo que hemos logrado juntos. También quiero agradecer públicamente a mi Paul Stuart sus excelentes retratos y su portada.

Por lo que respecta al diseño, que es limpio, claro, audaz y atractivo al mismo tiempo, un gracias enorme a James Verity, de la agencia creativa Superfantastic, también por su ayuda en las fotografías del libro (y por acceder a mis peticiones algo anticuadas).

Por su apoyo incondicional, a la cuadrilla de Penguin Random House, dirigida en la lucha diaria por Tom Weldon y la encantadora Louise Moore. Un agradecimiento especial para John Hamilton, Juliette Butler, Nick Lowndes, Elizabeth Smith, Merle Bennett, Clare Parker, Chantal Noel y Chris Turner, y a la maravillosa banda que componen sus respectivos equipos, a Katherine Tibbals, Stuart Anderson, Jenny Platt, Anjali Nathani, Catherine Wood, Lucy Beresford-Knox, Celia Long, Martin Higgins, Katie Corcoran, Olivia Whitehead, Ben Hughes, Amy Wilkerson, Duncan Bruce, Samantha Fanaken y Jessica Sacco. Y a las encantadoras Annie Lee, Caroline Pretty y Caroline Wilding.

En la televisión —chicos, estoy muy entusiasmado con esta serie— un agradecimiento infinito al equipo de la oficina y a todos los profesionales que han trabajado en el programa. Tengo gran aprecio por Katy Fryer, Sean Moxhay, Katie Millard, Ed St Giles, Niall Downing, Sam Beddoes, Gurvinder Singh, Leona Ekembe, Kirsten Hemingway, James Williams, Akaash Darji, James Bedwell, Kay Bennett, Mike Sarah, Joe Sarah, Dave Miller, Cliff Evans, Dave Minchin, Jim McLean, Jonnie Vacher, Calum Thomson, Luke Cardiff y Pete Bateson. Gracias a los chicos que se encargaron de alimentarnos durante el rodaje: Krzysztof Adamek, Fred Augusts, Rogerio Nobrega y Ryan France. Unas gracias enormes, también y como siempre, a Lima O'Donnell, Julia Bell y Abbie Tyler.

Y llegamos a Channel 4: gracias a Jay Hunt, Sarah Lazenby y Kelly Webb-Lamb, gracias por creer en mí y apoyar mi filosofía. Mis respetos también al equipo de Fremantle.

Y, por supuesto, por último, pero no menos importante, a mi bella esposa Jools, a mi panda —Poppy, Daisy, Petal, Buddy y River— a mi madre y a mi padre, a Anna, a la señora N. y a Gennaro. Os quiero a todos un montón.

ÍNDICE

Las recetas marcadas con una V son vegetarianas

Para consultar la lista de todas las recetas sin lácteos, sin gluten y veganas de este libro, visita:

jamieoliver.com/5-ingredients/reference

OTROS LIBROS DE JAMIE OLIVER

Papel certificado por el Forest Stewardship Council®

Título original: *5 Ingredients. Quick and Easy Food*
Primera edición: noviembre de 2017
Segunda reimpresión: febrero de 2018

Edición original publicada por Penguin Books Ltd., Londres

© 2017, Jamie Oliver
© 2017, Jamie Oliver Enterprises Limited, por las fotografías de las recetas y de la dedicatoria
© 2017, Paul Stuart, por la fotografía de la cubierta y las imágenes de estudio
© 2017, Penguin Random House Grupo Editorial, S.A.U.
Travessera de Gràcia, 47-49. 08021 Barcelona
© 2017, Àngels Polo Mañá, por la traducción

Diseño: Superfantastic
Reproducción de color por Altaimage Ltd.
Maquetación: Fernando de Santiago

Impreso en Italia por Graphicom

ISBN: 978-84-16895-39-7
Depósito legal: B-17.078-2017

DO 9 5 3 9 7

Penguin
Random House
Grupo Editorial

¿CON GANAS DE MÁS?

Más información práctica sobre nutrición, vídeos, artículos especiales, sugerencias, trucos y consejos acerca de temas diversos, recetas fantásticas y mucho más en

JAMIEOLIVER.COM

#QUICKANDEASYFOOD